El Sacro Imperio Romano Germánico

Un fascinante recorrido por uno de los Estados europeos más poderosos durante la Edad Media y principios de la Edad Moderna

Índice

Introducción

El ascenso y la caída del Sacro Imperio Romano Germánico marcan la oscilación aparentemente universal de las sociedades humanas entre la fragmentación y la centralización, y entre la unificación y la separación. Los pueblos germánicos, que asestaron el golpe final que puso de rodillas al Imperio romano de Occidente, formaron una serie de nuevos estados, que se unieron en un momento dado en la forma del imperio de Carlomagno. Su imperio pereció pronto, y de sus cenizas surgieron la Francia medieval y el Sacro Imperio Romano Germánico, ambos muy fragmentados y carentes de autoridad central. De hecho, estos estados medievales no se parecían en nada a nuestras naciones modernas.

Incluso durante los periodos más ilustres del Sacro Imperio Romano Germánico, por ejemplo, durante el reinado de Federico Barbarroja, el emperador controlaba mucho menos su imperio en comparación con las administraciones estatales modernas. El emperador, por supuesto, casi siempre tenía un gran ejército a su disposición, lo que significaba que podía aplastar a los que no estaban de acuerdo con lo que él quería. Sin embargo, debido a que conceptos como nación, administración estatal y centralización eran prácticamente inexistentes en aquella época, era imposible que el emperador tuviera el control real de su imperio. Prácticamente, cada emperador del Sacro Imperio Romano Germánico tuvo que renegociar los términos básicos de su autoridad con la nobleza. La estabilidad del Sacro Imperio Romano Germánico dependía de la capacidad del emperador para estar en buenos términos con sus nobles sin darles demasiada libertad.

Así, el Sacro Imperio Romano Germánico, como ocurría (y sigue ocurriendo en cierta medida) con otros muchos estados, oscilaba constantemente entre periodos de relativa estabilidad y periodos de rebelión contra la autoridad central. El emperador sofocaba las rebeliones en un rincón de su imperio, mientras que en otros lugares surgían disturbios. Así, cada emperador tenía que librar múltiples guerras, al carecer de medios para mantener su enorme imperio totalmente unido.

En cierto modo, el Sacro Imperio Romano Germánico es una denominación histórica errónea. El Estado no era ni santo ni romano. El adjetivo «santo» proviene del hecho de que los emperadores alemanes eran tradicionalmente coronados en Roma. «Romano» proviene del hecho de que los emperadores alemanes deseaban el mismo tipo de ilustración del que disfrutaban los antiguos emperadores romanos. Sin embargo, a diferencia del Imperio romano, el Sacro Imperio Romano Germánico nunca consiguió establecer la misma administración centralizada. En tiempos del gran emperador Augusto, Roma contaba con el mismo tipo de funcionarios estatales y de jerarquía administrativa en todo el imperio, que era incluso mayor que el Sacro Imperio Romano Germánico. Federico Barbarroja, por otro lado, posiblemente el más poderoso de todos los emperadores del Sacro Imperio Romano Germánico, era más bien un líder de estados autónomos (incluso dentro de la actual Alemania), cada uno con sus propias leyes y estructuras de poder. Barbarroja tenía sus propias tierras y feudos, al igual que sus subordinados (vasallos). Además, el Imperio romano tenía una influencia cultural mucho más extendida y coherente en vastas zonas no latinas, mientras que el Sacro Imperio Romano Germánico apenas logró alcanzar siquiera un fragmento del mismo tipo de influencia en las zonas no germánicas de su propio imperio.

Esta es la razón principal de la disolución definitiva del Sacro Imperio Romano Germánico tras la Paz de Westfalia de 1648. Francia anunció el nacimiento de una nación moderna, mientras que los alemanes se hundieron de nuevo en la fragmentación y la desunión de los días anteriores al Imperio. Solo con Bismarck al timón pudieron los alemanes formar un solo Estado, dirigido por una administración única y coherente.

En este libro, trataremos los altibajos de este extraño imperio. Empezando por la caída del Imperio romano de Occidente, mostraremos cómo el imperio de Carlomagno se fue dividiendo poco a poco en partes más pequeñas, con los francos, por un lado, y los germanos por otro. Tras describir los días de las primeras dinastías que condujeron a la creación del Sacro Imperio Romano Germánico, dedicaremos algún tiempo a Barbarroja, siguiéndolo en sus interminables conquistas y, lo que es más importante, en sus dos cruzadas. Más adelante, mostraremos cómo los Habsburgo se hicieron gradualmente con el poder, llevando al estado a periodos extremadamente turbulentos de guerras religiosas y conflictos paneuropeos.

Además de ser una recopilación meticulosa de los hechos más relevantes sobre el Sacro Imperio Romano Germánico, este libro ofrece una explicación más profunda de los escollos de esta poderosa e increíblemente compleja constelación de estados alemanes.

Capítulo 1: La génesis del Sacro Imperio Romano Germánico

Preludio de un imperio

El Sacro Imperio Romano Germánico, como un ave fénix, resurgió de las cenizas del Imperio romano[i]. Cuando el Imperio romano «original» se derrumbó definitivamente en 476 e. c. bajo el peso de las invasiones bárbaras y las luchas internas, Europa quedó envuelta en un vacío de poder, que solo se llenó con la formación gradual del Sacro Imperio Romano Germánico con Carlomagno. Pero antes de hablar de Carlomagno, uno de los emperadores más grandes que han existido, diseccionaremos rápidamente la caída del Imperio romano y la lucha por el poder que siguió.

El año 476 puso fin a un imperio que una vez fue grandioso, el Imperio romano. A decir verdad, fue solo su parte occidental la que dejó de existir, ya que el Imperio romano de Oriente siguió existiendo durante otros mil años. Sin embargo, la propia ciudad de Roma fue tomada por los bárbaros, y el Imperio romano de Occidente quedó desmembrado. La invasión de los hunos en el siglo IV, encabezada por Atila, fue el golpe final para un adversario que ya luchaba por mantenerse en pie. Rápidamente, en el transcurso del siglo V, el Imperio romano de Occidente fue desmembrado por los ostrogodos,

---

[i] Heather, Peter. Empires and Barbarians: The Fall of Rome and the Birth of Europe. Oxford University Press, 2010.

visigodos, vándalos, francos, anglos, sajones y muchos otros. Estas tribus germánicas, que habían sido mantenidas a raya durante siglos por el poderío romano, desbordaron las fronteras tradicionales de sus estados y se aventuraron en nuevas tierras.

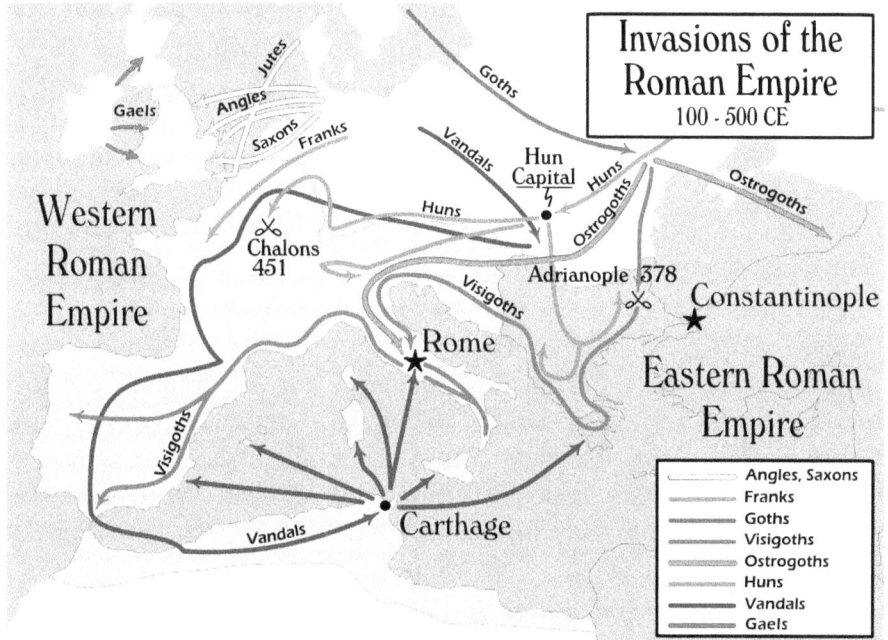

Disolución del Imperio romano debido a las invasiones bárbaras[1]

La Gran Migración prepara el terreno para la formación del Sacro Imperio Romano Germánico. De hecho, el paisaje moderno de Europa, en su mayor parte, sigue la línea trazada por la Gran Migración. Y al igual que nuestras democracias modernas se inspiran en las instituciones de la antigua Roma, lo mismo hicieron los estados germánicos emergentes tras la caída del Imperio romano de Occidente. Los francos, o al menos sus líderes, creían haber obtenido su autoridad y legitimidad no solo de Dios, sino también de los antiguos emperadores romanos.

Hablando de Dios, las tribus germánicas aceptaron con bastante rapidez el cristianismo como su religión, y su exitosa incorporación al cristianismo las situó en el lado afortunado de la historia. El Imperio romano de Oriente, en parte gracias a Constantino el Grande, que promovió el cristianismo, demostró lo poderosa que era la herencia romana cuando se unía al celo del cristianismo. El Imperio romano de Occidente nunca pareció capaz de alcanzar este equilibrio.

Sin embargo, los estados germánicos que surgieron de las ruinas del Imperio romano de Occidente pudieron hacerlo. Los francos, que dan nombre a la actual Francia, conquistaron la antigua provincia romana de la Galia (a grandes rasgos, la actual Francia), luchando contra otras tribus germánicas. La primera dinastía franca fue la merovingia. No sabemos demasiado sobre la historia temprana de la dinastía merovingia, pero sí sabemos que en el siglo V, estaban dirigidos por Childerico I y lucharon contra otras tribus germánicas en la Galia, como los visigodos, los burgundios y otros. Childerico I y sus subordinados seguían siendo paganos. Tras la muerte de Childerico I alrededor del año 481, su hijo, Clodoveo I, tomó el relevo, uniendo finalmente a las subtribus francas y reforzando la posición de su dinastía frente a otros estados germánicos.

Clodoveo I se casó con Clotilde, una princesa borgoñona que era cristiana nicena[i]. Finalmente, Clodoveo I aceptó la fe de su esposa y la propagó entre sus subordinados, una decisión importante porque la mayoría de las tribus germánicas, si estaban bautizadas, eran arrianas. Clodoveo I contaba al menos con el apoyo ideológico del centro del cristianismo ortodoxo, es decir, Constantinopla. Clodoveo I eligió París como sede de su reino de forma simbólica al escogerla como lugar de enterramiento.

El reino merovingio no era estable y, tras la muerte de Clodoveo I hacia 511, sus sucesores se disputaron la supremacía, logrando dividir el reino. Clodoveo tuvo cuatro hijos, por lo que el reino se dividió en cuatro partes: Austrasia, Neustria, Borgoña y Aquitania[ii].

La dinastía merovingia llegó finalmente a su fin a principios del siglo VIII. Durante bastante tiempo, los reyes merovingios fueron reyes solo formalmente; el poder real estaba en manos del alcalde de palacio, que era, en cierto modo, el encargado de la casa real merovingia. Carlos Martel, un aristócrata franco, ascendió a este cargo en 718 y dio paso a una nueva dinastía: los carolingios.

---

[i] El cristianismo niceno fue la forma de cristianismo definida por el Primer Concilio de Nicea en el año 325 de nuestra era. Se opuso al arrianismo (Arrio era un presbítero alejandrino que enfatizaba la naturaleza humana de Cristo, creyendo que Jesucristo era más un hombre que un ser celestial y que en realidad había sido creado por Dios y, por tanto, tenía un principio y un fin).
[ii] Contreni, John J. "Introduction: The Merovingian Kingdoms, 450-751". French Historical Studies 19, nro. 3 (1996): 755.

Carlos Martel no era un simple funcionario de la corte. Era el jefe de Estado de facto y el principal comandante militar. Protegió el reino de otros estados germánicos e intentó unir y ampliar las tierras conquistadas por Clodoveo I. Carlos Martel también fue decisivo en la defensa de Europa frente al califato omeya[i]. En 732, se libró una batalla decisiva entre los omeyas musulmanes y los pueblos germánicos: la batalla de Tours (a veces denominada batalla de Poitiers). Los árabes consiguieron penetrar profundamente en la actual Francia y solo fueron detenidos por las fuerzas de Carlos Martel y Odo de Aquitania. A partir de entonces, los musulmanes quedaron confinados en sus territorios hispánicos, donde permanecieron durante siglos.

Tras la muerte de Carlos Martel en 741, el reino se dividió en dos partes. El reino quedó en manos de sus dos hijos (ambos alcaldes *de iure* de diferentes palacios dirigidos por los merovingios, pero también gobernantes de facto), Carlomán y Pipino el Breve (a veces denominado Pipino el Joven). Hacia 747, Pipino el Breve había asumido la supremacía única e incontestable de la tierra de los francos, ya que Carlomán decidió (o fue obligado) a convertirse en monje, que era la forma más conveniente de deshacerse de la competencia no deseada. Pipino el Breve también se ocupó de Childerico III, el último «rey» merovingio, enviándolo a un monasterio, donde pasaría el resto de sus días sin suponer una amenaza para Pipino el Breve.

Pipino el Breve fue el primer rey de la dinastía carolingia, consiguiendo el apoyo del arzobispo de Maguncia, Bonifacio, en 751. Pipino fue ungido por el papa Esteban II en 754. Recibió el título de «Patricius Romanorum», que es una referencia obvia a la continuidad entre el Imperio romano y el reino de los francos, al que a menudo nos referimos como el inicio del Sacro Imperio Romano Germánico.

Pipino el Breve se dedicó entonces a asegurar la supremacía papal en el norte de Italia, recientemente amenazada por los lombardos. Así es básicamente como se establecieron los Estados Pontificios. Los Estados Pontificios tuvieron una duración increíblemente larga, desde el año 756 hasta 1870. Pipino también tuvo que luchar contra los musulmanes una vez más, esta vez en Narbona (sur de Francia), que fue reconquistada en

---

[i] El califato omeya es el segundo califato realizado tras la muerte de Mahoma el Profeta. En 732, los árabes habían llegado a la actual España y amenazaban el reino de los francos. El califato omeya es, territorialmente hablando, uno de los mayores imperios de la historia.

759. Pipino murió en 768, dejando su reino a Carlomagno y Carlomán I, dividiéndose de nuevo el reino según la antigua costumbre franca.

Como era habitual, los dos hermanos no se llevaban muy bien. Hubo breves disputas entre los ejércitos de Carlomagno y Carlomán, pero no hubo tiempo para una guerra total. Carlomán I murió en 771, y el reino de los francos volvió a unificarse bajo un solo gobernante.

Carlos el Grande

Carlos el Grande, más conocido como Carlomagno, nació probablemente en 742. Era el hijo mayor de Bertrada y Pipino el Breve[i]. Carlomagno también tenía una hermana menor llamada Gisela, así como otros hermanos que probablemente no vivieron lo suficiente como para ser dignamente recordados por los cronistas.

Carlomagno es muy conocido por sus conquistas y sus incansables intentos de ampliar su reino. Crucialmente, continuó con el apoyo franco a los Estados Pontificios, que, en el momento de su sucesión al poder en 771, se encontraban de nuevo bajo la amenaza de los lombardos[ii]. La amenaza lombarda en Italia fue acallada en 774, pero Carlomagno tuvo que regresar a Italia en 776 para sofocar otra rebelión.

Carlomagno también continuó la batalla de su padre contra los musulmanes andalusíes. Consiguió expandir el reino franco hasta la actual España, al otro lado de los Pirineos. La primera campaña de Carlomagno aquí, en 778, estuvo a punto de convertirse en una catástrofe. Tras verse obligadas a retirarse, las fuerzas de Carlomagno sufrieron una emboscada en los Pirineos, un suceso que hoy se conoce como la batalla del paso de Roncesvalles. Los vascos tendieron una emboscada a Carlomagno, ya que ambos se habían enfrentado anteriormente, y Carlomagno había obligado a los vascos a someterse. Así que los vascos tomaron represalias y consiguieron debilitar seriamente a las fuerzas francas. Carlomagno salió con vida, pero muchos fueron asesinados, entre ellos personas cercanas a Carlomagno, como un caballero llamado Roldán, cuya muerte inspiró la *Canción de Roldán*, una de las primeras obras literarias escritas en francés.

Durante las siguientes décadas, Carlomagno consiguió conquistar partes de la Andalucía musulmana y, en 797, pudo tomar Barcelona.

---

[i] Barbero, Alessandro. Charlemagne: Father of a Continent. University of California Press, 2018.
[ii] Los lombardos eran pueblos germánicos que vivían en el actual norte de Italia.

Carlomagno era un diplomático cuidadoso y supo sacar partido de las hostilidades entre omeyas y abasíes[i]. Tuvo muchas otras conquistas, prácticamente todas exitosas. Por ejemplo, Carlomagno pacificó a los sajones en una guerra que duró prácticamente treinta años. Los sajones eran una feroz y belicosa tribu germánica conocida por los antiguos romanos por su fiereza y celo. Carlomagno pacificó a los sajones y consiguió convertirlos al cristianismo. Quizá la hazaña bélica más conocida de Carlomagno fue su guerra contra los ávaros, que eran nómadas asiáticos que vivían en la actual Hungría. La campaña fue especialmente brutal. En el año 803, los ávaros habían quedado seriamente debilitados y tuvieron que aceptar a Carlomagno como su gobernante supremo.

Carlomagno también hizo la guerra a los eslavos del norte y del sur, ampliando aún más su dominio. Gracias a todas estas conquistas, Carlomagno construyó un imperio que abarcaba desde Barcelona hasta la actual Croacia y desde la actual Bélgica hasta Roma. Se trataba de un imperio enorme, que abarcaba territorios de la actual España, Francia, Alemania, Austria, Italia, Suiza, Croacia, Hungría, Chequia y Eslovaquia.

Era solo natural que un individuo tan poderoso fuera coronado como emperador de los romanos, *Imperator Romanorum*, en el año 800. Carlomagno llegó ostensiblemente a Roma para hacer las paces entre el papa León III y sus adversarios. Humillado por la disposición de Carlomagno a llegar y ayudar, así como por sus conquistas, el papa León III coronó a Carlomagno y lo declaró *Imperator Romanorum,* sucesor legítimo de Constantino VI, que gobernaba el Imperio romano de Oriente y había sido depuesto por su madre, Irene, quien se proclamó emperatriz. El papa León III no la consideró sucesora legítima de la herencia romana y encontró un candidato mejor en Carlomagno.

---

[i] En 750, los omeyas fueron derrocados por los abasíes, aunque Andalucía siguió siendo el bastión de los omeyas. Sin embargo, las autoridades omeyas de Córdoba (la capital) estaban bajo la amenaza constante de los musulmanes que apoyaban al califato abasí.

Francia a la llegada de Carlos Martel (714) [2]

Aunque la coronación de Carlomagno legitimó su poder en Europa occidental y central, también lo enfrentó con el Imperio bizantino, cuyos emperadores se consideraban a sí mismos los únicos emperadores romanos legítimos en Europa[i]. Europa occidental y oriental se distanciaban cada vez más. En última instancia, el Imperio bizantino pagó el precio más alto, ya que no pudo hacer nada contra la inminente invasión musulmana. Sin embargo, eso ocurriría unos seiscientos años más tarde. Por ahora, seguimos inmersos en la Alta Edad Media, una época dominada por los francos y los bizantinos.

---

[i] Pronto la desunión política daría lugar a una escisión religiosa. En 1054, la Iglesia cristiana se separó en dos grandes corrientes, la católica y la ortodoxa oriental, un acontecimiento hoy conocido como el Gran Cisma.

Después de Carlomagno

Como siempre ocurre con los grandes imperios, el Imperio carolingio estuvo condenado desde el principio. La sobreextensión y los problemas internos asolaron el Imperio carolingio. Hemos visto que, incluso antes de Carlomagno, existían conflictos internos por la supremacía dentro de la dinastía carolingia. Rebeldes en prácticamente todos los rincones del reino, así como enemigos externos, solo esperaban que llegara la oportunidad adecuada.

Carlomagno murió en 814, dejando su imperio a Luis el Piadoso. Fue el último soberano del Imperio carolingio que gobernó en solitario. Tras la muerte de Luis el Piadoso en 840, sus hijos reintrodujeron rápidamente la antigua costumbre franca de dividir el reino entre todos los sucesores legítimos, por lo que el imperio volvió a dividirse en 843 en el Tratado de Verdún.

El imperio se dividió en tres partes: *Francia Occidentalis* (Francia occidental), gobernada por Carlos II; *Francia Media*, gobernada por Lotario I, y *Francia Orientalis* (Francia oriental), dirigida por Luis II. La Francia oriental abarcó la mayor parte de la Francia actual. La Francia media abarcaba conquistas francas anteriores en Italia y partes de Alemania, Francia y Suiza. La Francia oriental abarcaba, a grandes rasgos, las actuales Alemania y Austria.

Las consecuencias del Tratado de Verdún, en cierto modo, se dejan sentir hoy en día, ya que este tratado dio contornos básicos a dos estados europeos: Alemania y Francia[i]. Hubo un puñado de otros tratados importantes que siguieron y dividieron aún más el imperio. El Tratado de Prüm en 855, vio la partición de la Francia media en tres nuevos estados: Italia, Lotaringia y Provenza. Quizás el efecto más significativo y de mayor alcance de este tratado fue la formación de Lotaringia, que abarcaba las regiones de Alsacia y Lorena, que se convirtieron en algunos de los principales puntos de animosidad entre Francia y Alemania en los siglos venideros. En otros tratados, a saber, el Tratado de Meerssen o Mersen (870) y el Tratado de Ribemont (880), el otrora poderoso imperio se dividió aún más, y varias provincias cambiaron de manos repetidamente.

---

[i] Joranson, Einar. "The Dissolution of the Carolingian Fisc in the Ninth Century". (1936): 545-547.

Hubo, sin embargo, un breve periodo de unificación bajo Carlos el Gordo, de 881 a 888. La reunificación del imperio y la coronación imperial fueron bastante azarosas. Los Estados Pontificios, que habían estado bajo protección franca durante años, se encontraban de nuevo bajo la amenaza de un caudillo regional, y el papa Juan VIII buscó la ayuda de Carlos el Gordo, que era el rey de la Italia franca y, por tanto, responsable de la seguridad de los Estados Pontificios. Esperando un renacimiento del antiguo poder, la iglesia coronó a Carlos el Gordo, quien, por desgracia, no fue capaz de mantener el imperio unificado.

Carlos el Gordo fue incapaz de sofocar la rebelión que se levantaba en la parte oriental de su imperio. Arnulfo de Carintia, sobrino de Carlos, reunió un gran ejército y derrotó a Carlos el Gordo, dividiendo una vez más el imperio[i]. Esta vez, la división fue mucho más prolongada, con raros y relativamente breves periodos de reunificación o de conquistas mutuas. Arnulfo de Carintia gobernó como emperador hasta su muerte en 899.

En una línea similar, Luis el Ciego, el hijo adoptivo de Carlos el Gordo, intentó reunificar el imperio, pero solo fue un breve periodo (901 a 905) que acabó con él cegado por el siguiente gran contendiente, Berengarioio I de Italia. Esta vez, el periodo de interregno, el que transcurre entre la muerte (o destronamiento) de un gobernante y el nombramiento del nuevo, fue aún más largo, y Berengario I de Italia se convirtió en emperador en 915.

Berengario I de Italia estaba en buena posición para convertirse en el próximo emperador, ya que era el rey de Italia y, por tanto, cercano al papa. En aquella época (y más en general desde el siglo IX hasta el XI), Italia se enfrentaba a la llamada invasión sarracena en el sur. Los antiguos griegos y romanos se referían a veces, de forma bastante general e indiscriminada, a los árabes como sarracenos, y el nombre se mantuvo durante siglos. A principios del siglo X, los árabes consiguieron afianzarse en Sicilia, manteniendo la isla en su totalidad y rechazando los ataques procedentes de la Italia continental. Sicilia sirvió como un importante punto de apoyo árabe en Italia, desde donde podían lanzar nuevas invasiones a la Italia continental y acercarse peligrosamente a Roma. Una fortaleza en particular construida en el río Garigliano, en el centro de Italia, era una espina clavada en el costado del papa.

---

[i] Rosenberg, Harry. "Kingship and Politics in the Late Ninth Century: Charles the Fat and the End of the Carolingian Empire". The Historian 68, nro. 3 (2006): 636-638.

Naturalmente, el papa Juan X no quería musulmanes a sus puertas e instó a los nobles de la Europa cristianizada a expulsar a los sarracenos de Italia.

Convocado por el papa Juan X, Berengario envió sus tropas y las puso bajo el mando de Alberico I. Otros también enviaron tropas, como el Imperio bizantino y poderosos príncipes, duques y condes de Italia. La fortaleza sarracena de Garigliano sería el último bastión sarraceno en caer en el ataque arrollador de las fuerzas cristianas, lo que ocurrió en 915. Sicilia, sin embargo, seguía firmemente en manos musulmanas, y así permanecería durante algún tiempo. Berengario tuvo que retirar sus fuerzas para que pudieran ayudar a repeler a los magiares (húngaros) que amenazaban las fronteras del imperio. Los magiares fueron capaces de penetrar muy lejos en Europa occidental, al igual que los hunos unos cuatrocientos años antes. Los húngaros amenazaban no solo el este y el oeste de Francia, sino también Italia e incluso el califato cordobés en España.

El mismo año de la batalla de Garigliano, Berengario fue coronado emperador del Sacro Imperio Romano Germánico, pero esto no fue más que un acto de buena voluntad del papa, que quería agradecer a Berengario su ayuda en la batalla[i]. En aquella época, el Sacro Imperio Romano Germánico no era más que un concepto abstracto, por lo que se trataba de un título vacío. Berengario parecía no haber podido o no haber querido siquiera intentar reunificar el Sacro Imperio Romano Germánico; a decir verdad, los invasores árabes, magiares y vikingos hacían que algo así fuera una tarea muy difícil. A lo largo de su efímero «reinado» (de 915 a 924), Berengario también se enfrentó a luchas internas. Fue atacado por su propio nieto (también llamado Berengario) y tuvo que enfrentarse a la animosidad de Rodolfo II de Alta Borgoña. La batalla de Firenzuola, librada en 923, selló el destino de Berengario; tras esta batalla, Berengario de Italia fue asesinado en la ciudad de Verona.

Sin embargo, una nueva dinastía entraría en escena: la dinastía otoniana.

---

[i] Merlo, Brian. "Pope John X and the End of the Formosan Dispute in Rome". Tesis doctoral, Universidad de San Luis, 2018.

Capítulo 2: El feudalismo y el estado de la política alemana primitiva

Estados medievales

El periodo medieval, por diversas razones, se conoce como la Edad Oscura. Fue un periodo muy difícil en el desarrollo del ser humano y marcó un final bastante abrupto de la cultura romana, al menos en Europa occidental. Nos gustaría subrayar que ocurrieron muchas cosas buenas durante la llamada Edad Oscura. Es probable que sin este periodo, que parece ser muy odiado por mucha gente hoy en día, no tendríamos la edad moderna de la que disfrutamos en la actualidad.

Sin embargo, a diferencia de la administración romana, los estados medievales estaban bastante poco desarrollados, y Estados como Francia o Austria-Hungría tardarían siglos en alcanzar el nivel de administración estatal establecido por los antiguos romanos. A medida que el Imperio romano fue decayendo, muchas tribus germánicas pasaron a primer plano. Una vez victoriosos, los pueblos germánicos empezaron a formar sus propios estados en Europa, como hemos visto en el caso del reino de los francos.

Estos estados eran bastante diferentes de los romanos en más de un sentido. Por ejemplo, no dependían del trabajo esclavo, aunque sí de algo muy parecido: la servidumbre. Es probable que varias familias aristocráticas germánicas aparecieran mucho antes de la caída de Roma, luchando por la supremacía contra tribus emparentadas étnicamente, además de combatir contra todos los demás[i]. Estas familias debían su influencia a su destreza en la guerra, su fuerza y su riqueza. Es probable que dieran a luz a guerreros increíblemente fuertes que demostraron su valía en el campo de batalla en innumerables ocasiones. En resumen, la clase dominante entre los germanos era una clase de guerreros influyentes capaces de reunir fuertes grupos de soldados que podían superar a los grupos rivales.

Los siervos eran mucho más numerosos, pero menos poderosos. Su sustento se basaba en la agricultura y la ganadería, y estaban sometidos a una pequeña minoría de aristócratas. Los guerreros/aristócratas intentaban ejercer toda la influencia que podían sobre las masas. A cambio de la protección militar, los siervos trabajaban la tierra («regalada» por su señor) y entregaban una parte de sus productos a su señor.

Esta es una descripción muy simple del sistema feudal. Como podemos ver, la autoridad de los señores feudales residía enteramente en su poder militar, dependiendo por completo de su autoridad personal y de su capacidad para resolver los problemas dentro de su propio dominio. Aunque un señor feudal no era exactamente un dios en la tierra, ejercía, en cierto modo, el derecho común de la época, y su palabra era definitiva. El sistema feudal se hizo gradualmente más complejo, dando lugar finalmente a la formación de reinos con un único rey que supervisaba una red de vasallos en múltiples niveles. Un rey (o emperador) medieval típico era un hombre poderoso, que controlaba vastas zonas y mantenía otras bajo su control, gracias a una red de vasallos. También extraía su autoridad de la iglesia. La iglesia desempeñó un papel decisivo en el establecimiento del sistema feudal, ya que permitió la centralización del poder al investir a un solo hombre con el poder espiritual para gobernar. De este modo, el rey feudal no era simplemente un hombre poderoso; también se lo consideraba predeterminado para gobernar por Dios mismo.

Un rey o emperador feudal típico siempre tenía que encontrar un equilibrio entre la nobleza y la iglesia, ya que dependía en gran medida de su disposición a apoyar sus pretensiones al trono. Los vasallos feudales eran relativamente independientes, acurrucados en sus castillos, y a menudo resultaba muy difícil controlarlos. Debían una lealtad formal

---

[i] Ganshof, François Louis. Feudalism. Vol. 34. University of Toronto Press, 1996.

al rey, puesto que este les concedió sus tierras, y estaban obligados a pagar al soberano una determinada suma y a proporcionarle ejércitos cuando el rey hacía la guerra. A veces, en lugar de apoyar a su rey, un puñado de señores feudales se aliaba contra el rey para aumentar su propia influencia. El rey, a su vez, reunía las fuerzas de sus verdaderos aliados y pacificaba a los rebeldes. La época medieval también fue testigo de interminables conflictos entre los propios vasallos. Por ejemplo, el vasallo más bajo de la red, normalmente una especie de señor de la guerra local, atacaba a su vecino más cercano por alguna insignificante disputa feudal o territorial.

Si uno se refiere a la época medieval como la «Edad Oscura», debe de ser por la inestabilidad inherente al sistema feudal. La violencia, la guerra y el saqueo eran excesivamente comunes; de hecho, eran demasiado comunes para otra cosa que no fuera un progreso civilizatorio muy lento. Las ciudades de Italia, que se encontraban entre las más desarrolladas de Europa y eran los heraldos del Renacimiento, fueron destruidas innumerables veces en la época medieval. Durante siglos, los gobernantes alemanes descendieron al sur para pacificar las ciudades italianas rebeldes y hacerse con la corona imperial. Sin embargo, en Alemania (y en el resto de Europa), los periodos de paz y estabilidad estuvieron separados por largos años de luchas internas, en las que los nobles de alto rango se rebelaban contra el emperador y entre sí. Ocasionalmente, surgía un líder poderoso que era capaz de equilibrar las demandas de la nobleza, la iglesia y la casta, que a menudo se olvida en las discusiones sobre la época medieval, los plebeyos, mediante el uso de la fuerza y una cuidadosa diplomacia. Sin embargo, con mucha más frecuencia, los gobernantes no querían o eran incapaces de lograr este equilibrio, lo que conducía al caos. La inestabilidad duraba a menudo años sin tregua. De hecho, el sistema feudal dio lugar al estado social al que Thomas Hobbes se refirió como la «condición natural de la humanidad», en la que solo la pura fuerza física determina el resultado de uno en la vida.

Teniendo esto en cuenta, no es sorprendente que fuera excesivamente difícil para los estados medievales, como el Sacro Imperio Romano Germánico, alcanzar algún grado de centralización. Había muchas familias compitiendo por la supremacía. Una prevalecería sobre otra gracias a su supremacía militar, pero entonces otra familia se alzaría y lo tomaría todo por la fuerza. Sin embargo, existía al menos algún tipo de estructura en las relaciones entre los señores feudales, que finalmente se formalizó en la Bula de Oro de 1356.

Era costumbre entre los germanos más poderosos el reunirse periódicamente y elegir al primero entre ellos. La Bula de Oro definió a los siete electores que se reunirían para elegir al nuevo rey de los romanos (que se convertiría inevitablemente en emperador del Sacro Imperio Romano Germánico una vez que el papa lo aprobara): el duque de Sajonia, el conde palatino del Rin, el margrave de Brandeburgo y el rey de Bohemia. Tres electores eran funcionarios eclesiásticos, los arzobispos de Maguncia, Colonia y Tréveris. Durante siglos, los alemanes eligieron a su rey de forma similar, y aplicaron el mismo principio a la elección del nuevo rey de los romanos (emperador del Sacro Imperio Romano Germánico). Con el paso del tiempo se añadirían más electores, aunque los Habsburgo, al final, consiguieron establecerse como gobernantes supremos, anulando por completo el proceso de elecciones imperiales.

La Bula de Oro fue la culminación de un largo proceso que permitió a los alemanes elegir entre ellos al señor feudal más fuerte. Era un contrapeso a la naturaleza a menudo brutal de las relaciones entre familias, tribus y regiones de Alemania. Teniendo esto en cuenta, continuemos con nuestra historia y avancemos hacia nuestra nueva parada, la dinastía otoniana.

Capítulo 3: La dinastía otoniana

El ascenso de la dinastía otoniana: Preparando el escenario para una nueva era

Tras la reunificación transitoria bajo Carlos el Gordo, el Imperio franco-carolingio se desmoronó finalmente bajo el peso de las guerras civiles. En cierto sentido, se formaron dos grandes bloques, el francés y el alemán, que rivalizaron constantemente por la supremacía en la región.

Los siguientes personajes cruciales de nuestra historia proceden de la línea otoniana[i]. Eran germanos, pero no francos, y fueron la primera dinastía no franca en hacerse con el trono del Sacro Imperio Romano Germánico. Esta dinastía fue iniciada por un caudillo regional, Liudolfo de Sajonia, en el siglo IX. Los otones desempeñaron un papel importante en la historia del Sacro Imperio Romano Germánico. El hijo menor de Liudolfo, conocido como Otón el Ilustre, se convirtió en el jefe de Sajonia en 880, sucediendo a Bruno, su hermano mayor, que murió en combate luchando contra los vikingos. Es probable que Otón el Ilustre fuera menos tosco en comparación con su hermano, lo que le valió el apodo de «Ilustre», aunque no se sabe mucho sobre sus características personales que le valieron el apodo.

Enrique el Pajarero sucedió a Otón el Ilustre cuando este murió en 912. Inicialmente duque de Sajonia, Enrique el Pajarero se convirtió en

---

[i] MacLean, Simon. "History and Politics in Late Carolingian and Ottonian Europe: The Chronicle of Regino of Prüm and Adalbert of Magdeburg". En History and Politics in Late Carolingian and Ottonian Europe. Manchester University Press, 2013.

rey de *Francia Orientalis* en 919, título que recibió de Conrado I. Muy pronto, Enrique recibió también la santa lanza de Rodolfo II, rey de Borgoña e Italia, hacia 922[i]. Se dice que esta versión de la supuesta santa lanza fue la lanza que en su día utilizó el poderoso emperador Constantino; su santidad se amplificó, ya que supuestamente encerraba los clavos utilizados para crucificar a Cristo.

La santa lanza no era simplemente una reliquia prestigiosa que exudaba sentimientos religiosos, místicos y poder simbólico; era también una herramienta política. Los historiadores sostienen que el traslado de la santa lanza en el siglo X fue un gesto político, la finalización de un pacto político. El intercambio de una reliquia preciosa selló acuerdos entre pueblos que habían estado en guerra entre sí. Como hemos visto y como veremos, no era raro que los distintos reyes, duques, condes y caudillos del antiguo Imperio carolingio se hicieran la guerra unos a otros. Los predecesores de Rodolfo II y Enrique el Pajarero son grandes ejemplos de esta precaria situación política. El traspaso de la santa lanza de Rodolfo II a Enrique el Pajarero debió de tener un significado simbólico de tratado de paz.

Es probable que Enrique deba su apodo a su gran afición a la caza y a la caza de aves, en alemán *Heinrich der Vogler,* ya que «vogler» significa esencialmente «individuo que caza aves silvestres». Según la leyenda, Enrique estaba tan consumido por la caza que la noticia de que se convertiría en rey le llegó mientras cazaba pájaros (de ahí su apodo).

Enrique el Pajarero era quizás más expansionista que su padre. Incluso antes de convertirse en rey, Enrique luchó por Turingia. Tras convertirse en rey, puso sus ojos en Lotaringia, Bohemia, Schleswig, el norte de los Alpes y otras regiones. También defendió su territorio de los magiares (húngaros), que eran una importante fuerza invasora en la Europa oriental y central de la época. Los magiares fueron probablemente los más problemáticos para Enrique. Durante un tiempo, el reino de Alemania se vio incluso obligado a pagar un tributo anual a los magiares, que fueron capaces de infligir derrotas a las fuerzas de Enrique. Con el tiempo, sin embargo, Enrique pudo reforzar su ejército (especialmente su caballería pesada), construir nuevas fortificaciones y rechazar a los magiares de una vez por todas.

---

[i] HAUFF, Andrea. The Kingdom of Upper Burgundy and the East Frankish Kingdom at the Beginning of the 10th Century. *History Compass*, 2017, 15.8: e12396.

Pintura de Hermann Vogel (1854-1921), que muestra la leyenda de Enrique recibiendo la noticia de su elección [8]

Uno de los puntos fuertes del ejército de Enrique y del Sacro Imperio Romano Germánico era sin duda la caballería pesada. Estaba formada por caballeros, hábiles guerreros que a menudo llevaban armaduras pesadas. Fueron una fuerza formidable durante toda la Edad Media. No fue hasta que los cañones se introdujeron a mayor escala en la guerra europea que la caballería pesada se convirtió en cosa del pasado. Durante los reinados de Enrique el Pajarero y sus sucesores inmediatos, la caballería pesada fue una de las formaciones militares más importantes, ya que eran capaces de cambiar el rumbo de la batalla e infligir grandes daños a la infantería y a los arqueros. Por ello, las personas que constituían las unidades de caballería pesada eran fundamentales y muy respetadas por sus compatriotas y especialmente por sus gobernantes.

No sabemos con certeza si estos primeros caballeros eran nobles desde el principio y, por tanto, capaces de procurarse el mejor equipamiento o si eran simplemente hábiles luchadores que se ganaron el respeto por sus méritos. Es probable que hubiera una mezcla de ambas cosas. En cualquier caso, los caballeros se convirtieron rápidamente en nobles y desempeñaron un papel decisivo en el sistema feudal de la Edad Media[i].

Resulta difícil afirmar lo importante que fue la caballería pesada para el auge tanto de los carolingios como del Sacro Imperio Romano Germánico. La caballería pesada era la unidad de élite, la más moderna y avanzada para su época, muy parecida a las divisiones de tanques de la Segunda Guerra Mundial o a los drones de la guerra moderna.

Enrique el Pajarero, al igual que sus predecesores y sus sucesores, hizo buen uso de la caballería pesada que tenía a su disposición. Además, no estaba tan interesado en centralizar el poder y se contentaba con tener señores feudales dignos y honorables en las diversas regiones que controlaba. Todos esos señores tenían sus propias unidades de caballería pesada que podían ser llamadas al servicio cuando fuera necesario. Los señores feudales disfrutaban de una especie de autonomía y tenían un poder absoluto dentro de sus feudos, pero, en última instancia, estaban subordinados al rey (o al emperador). Por ello, en tiempos de guerra, se les encomendaba la tarea de reclutar ejércitos en sus respectivas provincias.

La Edad de Oro bajo los otones

Enrique el Pajarero murió en 936 y le sucedió su hijo, Otón el Grande, que entonces solo tenía unos veinticuatro años. Con el tiempo se convirtió en el primer verdadero emperador del Sacro Imperio Romano Germánico. Otón el Grande, al igual que su padre, trabajó duro para unificar a los germanos en una sola nación. A diferencia de Enrique, Otón el Grande estaba más interesado en centralizar el poder al estilo de los monarcas carolingios, lo que dio lugar a luchas internas que fueron rápidamente sofocadas por Otón.

Otón quería confirmar la conexión entre los carolingios y él mismo. Se esforzó por conseguir ese encanto imperial que rodeaba a Carlomagno. Por eso vistió un manto franco tradicional para su coronación en 936.

---

[i] BACHRACH, David Stewart. Milites and Warfare in Pre-Crusade Germany. *War in History*, 2015, 22.3: 298-343.

El reino de Alemania a principios del siglo X[4]

Y lo que es más importante, Otón el Grande sentó las bases de una intrincada administración que ayudaría a diseminar el poder real por las vastas tierras del Sacro Imperio Romano Germánico[i]. Otón el Grande, a diferencia de, por ejemplo, Luis el Ciego o Berengario I de Italia, se

---

[i] BACHRACH, David. Exercise of royal power in early medieval Europe: the case of Otto the Great 936-73. *Early Medieval Europe*, 2009, 17.4: 389-419.

mantendría firme durante muchos años y tuvo una visión clara a la hora de unificar el Sacro Imperio Romano Germánico. Otón el Grande, como rey de Francia Oriental, fue debilitando poco a poco a sus enemigos internos y externos. Se convirtió formalmente en emperador del Sacro Imperio Romano Germánico en 962.

Corona del emperador del Sacro Imperio Romano Germánico[5]

Antes de convertirse en emperador, Otón el Grande se enfrentó a una guerra civil en 938 y de nuevo en 953. Luchó contra numerosos enemigos, como Enrique (su hermano menor), Liudolfo (su hijo) y los duques de Franconia, Lotaringia y Suabia. En 938, hubo un conflicto local en Sajonia entre el señor Bruning y el duque Eberhard de

Franconia. Bruning no respondía a las órdenes de Eberhard. Entonces, Eberhard tomó violentamente el castillo de Bruning y mató a todos sus habitantes. Otón reprendió a Eberhard por este tipo de comportamiento. Además de pagar una gran multa, los hombres de Eberhard fueron avergonzados públicamente y se les ordenó llevar los cadáveres de los perros en público.

Esto debió de escandalizar a Eberhard, y decidió iniciar hostilidades abiertas con Otón. Se puso del lado de Thankmar, hermanastro de Otón, y de otros señores locales. La rebelión fue rápidamente sofocada por Otón. A su vez, Thankmar fue capturado y ejecutado en la iglesia de San Pedro de Eresburgo[i]. Otros conspiradores, principalmente Eberhard, proclamaron ostensiblemente su sumisión a Otón, pero en realidad estaban planeando una nueva rebelión.

En 939 estalló otro conflicto. Una vez más, Eberhard estaba en medio. Esta vez, Eberhard convenció a Enrique, que era el rey de Francia Occidental y hermano menor de Otón, y declararon la guerra a Otón. Otros se subieron al carro de la guerra, como Gilberto, duque de Lorena. La batalla decisiva se libró cerca de Andernach en 939, y las fuerzas de Otón aplastaron al enemigo. Gilbert y Eberhard murieron, el primero ahogado en el Rin y el segundo muerto en combate[ii]. Enrique, el hermano de Otón, se salvó y los hermanos se reconciliaron en 940, gracias a la mediación de su madre.

Sin embargo, Enrique no estaba satisfecho con su nuevo ducado de Lorena. Quería todo el pastel para sí mismo, así que intentó derrotar a Otón por otros medios: el asesinato. El complot fue descubierto y todos los conspiradores fueron rápidamente arrestados. Otón acabó indultando a los conspiradores, aunque solo después de que estos pidieran formal y públicamente penitencia por sus crímenes, en 941.

Otón el Grande no mató a su hermano. Buscó de nuevo la reconciliación e intentó encontrar una solución pacífica. Esta vez, tuvo éxito. Enrique no pudo quejarse al recibir el ducado de Baviera hacia 948[iii].

---

[i] Es posible que Otón el Grande ordenara esta ejecución.
[ii] BACHRACH, David S. Early Ottonian Warfare: The Perspective from Corvey. *Journal of Military History*, 2011, 75.2.
[iii] WILSON, Joseph. Holy Anointment and Realpolitik in the Age of Otto I. 2015.

Otón el Grande fue un gobernante muy activo e incluso viajó por sus vastas tierras. Es probable que fuera bastante alto e imponente físicamente, además de carismático y audaz. Se quedaba en las principales ciudades alrededor de una semana, donde hablaba con los lugareños, convenciéndolos de que él era «el elegido». Debió de ser un buen negociador y comunicador porque fue capaz de hacer las paces entre nobles que a menudo eran hostiles entre sí.

Como hemos visto en los casos de Eberhard y Enrique, Otón el Grande se esforzó por evitar la pena capital. No se trataba simplemente de un acto de benevolencia real, sino también de un movimiento muy pragmático. En aquella época, las rencillas de sangre eran todavía una tradición y algo que se tenía en gran estima. Si alguien de su familia era asesinado, su tarea (siempre que fuera un varón maduro) consistía en encontrar y matar al asesino de su familiar. Sobra decir que las rencillas de sangre tienen tendencia a no acabar nunca porque siempre hay alguien que busca venganza.

En otras palabras, Otón fue un gobernante sabio que supo difundir su prestigio real por todo su reino. No es de extrañar que fuera capaz de reunir enormes ejércitos capaces de detener a los invasores magiares. En 955 se produjo una batalla decisiva entre los magiares y las fuerzas de Otón el Grande. Se llamó la batalla de Lechfeld.

Al igual que los hunos que les precedieron, los magiares desplegaron miles de ágiles arqueros a caballo que podían cubrir grandes distancias e infligir el caos en toda Europa. Antes de la batalla de Lechfeld, los magiares invadieron algunas tierras de Baviera y sitiaron Augsburgo (la ciudad está construida alrededor del río Lech, de ahí el nombre de la batalla). Otón el Grande pudo reunir a unos ocho mil soldados de caballería pesada, que se apresuraron a aliviar Augsburgo.

Los magiares querían derrotar a Otón en una batalla abierta y finalmente se encontraron con el ejército de Otón cerca de Augsburgo. La caballería ligera y los arqueros a caballo de los magiares no fueron rivales para la caballería pesada de Otón, y los magiares pronto se vieron obligados a retirarse. Los magiares también tomaron algunas malas decisiones. Tras derrotar a la legión bohemia con éxito, se detuvieron a saquear el cargamento y las provisiones de la legión, lo que supuso una gran oportunidad para que los alemanes los pillaran desprevenidos. Uno solo puede tratar de imaginar el pavor de ser cogido desprevenido por la embestida de una caballería pesada.

El grueso de las fuerzas de Otón se enfrentó entonces directamente a los magiares, llevándolos a un combate cuerpo a cuerpo, algo más favorable para los alemanes, ya que disponían de mejor blindaje. Con numerosas bajas en ambos bandos, los magiares comenzaron a retirarse de forma ordenada, y Otón decidió dar el día por terminado. No quiso perseguir a los magiares, probablemente porque sabía que su caballería era más ágil y capaz de devolver el fuego durante la retirada. En cambio, Otón se retiró a Augsburgo y ordenó cerrar todos los caminos y cruces de ríos de la región para impedir nuevas retiradas magiares. Durante los días siguientes, los magiares fueron cercados, haciendo imposible su retirada hacia el este de Europa. Entonces fueron perseguidos y ejecutados, uno a uno.

Esta fue una victoria ilustre, y transformó a Otón en emperador, aunque Otón tendría que esperar un poco más para ser coronado formalmente como emperador del Sacro Imperio Romano Germánico.

A pesar de que Otón el Grande estaba en constante movimiento, consiguió sentar las bases de una administración eficiente. En su época, el Estado tenía acceso a los archivos relativos a las propiedades y tierras de la aristocracia. Lo sabemos porque Otón a veces confiscaba tierras a ciertos condes, duques y señores, lo que significa que sabía qué tierras confiscar. Redistribuyó las tierras entre miembros más dóciles de la nobleza. Por ejemplo, después de que el conde Guntram cayera en desgracia en 952, la corte sabía exactamente lo que Guntram poseía. Rápidamente fue despojado de todas sus pertenencias terrenales.

Otto representado en una moneda [6]

A continuación, al igual que algunos de sus predecesores, concretamente, Carlomagno y Luis el Piadoso, Otón el Grande poseía una biblioteca/archivo móvil, que siempre estaba a su disposición para su consulta, incluso cuando se encontraba de viaje.

Un cuidadoso archivo (antes y durante el reinado de Otón el Grande) permitió requisar tierras. Se arrebataron fincas a los miembros desobedientes de la aristocracia, pero Otón tenía a veces diseños y planes que requerían requisar tierras a la iglesia, lo que era una práctica desagradable pero necesaria. Por ejemplo, en 940, Otón el Grande (en aquel momento todavía solo un rey) autorizó la devolución del monasterio de Moosburg a su propietario original (la familia Freising), mencionando maquinaciones y prácticas ilegales como el principal medio a través del cual la iglesia obtuvo el monasterio en primer lugar[i]. Hay una miríada de otros procedimientos judiciales similares en los que se vio envuelto Otón, y que constituyen un testimonio de algunas de las actividades más tediosas pero igualmente importantes de un gobernante medieval.

Otón el Grande consiguió imponerse como un rey poderoso al derrotar a los magiares en 955, siendo incluso aclamado como *Imperator* y *Pater Patriae* por sus propias tropas tras la batalla de Lechfeld, una costumbre que se remonta a los tiempos de la antigua Roma. Pero aún le quedaban algunas cosas por hacer antes de convertirse en emperador.

Antes de derrotar a los magiares, Otón el Grande se casó con Adelaida en 951. Ella había sido reina de Italia, por lo que el matrimonio podría verse como un intento de facilitar el camino de Otón hacia el trono italiano, lo que, a su vez, le habría permitido ser coronado como emperador del Sacro Imperio Romano Germánico.

Otón fue cuidadoso en su relación con la Iglesia. Consiguió instalar a parientes suyos en altos cargos eclesiásticos, como su hermano Bruno, que se convirtió en arzobispo de Colonia en 953. Guillermo, el hijo ilegítimo de Otón, se convirtió en arzobispo de Meinz, y otros altos cargos eclesiásticos eran también todos «hombres de Otón». Otón intentó presentarse como el «santo ungido», alguien que había sido elegido por Dios para gobernar.

---

[i] BACHRACH, David S. Early Ottonian Warfare: The Perspective from Corvey. *Journal of Military History*, 2011, 75.2.

Otón consiguió afirmar su posición como protector de la iglesia cuando Berengario II, rey de Italia, empezó a volverse más rebelde. Intentó apoderarse de algunos territorios de los que había sido despojado anteriormente por Otón. Berengario II también amenazaba a los propios Estados Pontificios, y el llamamiento del papa Juan XII acabó por atraer a Otón hacia Italia. El trueque estaba bastante claro: el papa recuperaba su seguridad, mientras que Otón se convertía en emperador del Sacro Imperio Romano Germánico.

Otón reunió sus fuerzas y entró en Italia en 961. En 962 pudo entrar en Italia y llegar a Roma. El 31 de enero de 962, fue el día en que el papa Juan XII ungió a Otón como emperador del Sacro Imperio Romano Germánico en la basílica de San Pedro. Las primeras fuentes son sorprendentemente discretas sobre los detalles de la coronación, especialmente en comparación con la anterior coronación de Otón como rey de Alemania en Aquisgrán en 936[i].

A falta de una descripción contemporánea de la coronación de 962, volvamos brevemente a la coronación de Aquisgrán. Otón fue alabado primero fuera de la capilla de Aquisgrán por los francos y sajones más ilustres. Esto se repitió en la propia capilla, tras lo cual Otón fue obsequiado con las insignias reales. A continuación fue ungido por el clero, coronado y finalmente se le permitió sentarse en su trono en la catedral de Aquisgrán.

Es posible que la coronación de 962 siguiera un patrón similar. Además, el relativo silencio de las fuentes contemporáneas con respecto a la coronación podría ser indicativo de la futura «controversia de las investiduras». A saber, ¿por qué iba a necesitar Otón el Grande aceptar su corona imperial de manos de un papa? ¿Acaso un emperador del Sacro Imperio Romano Germánico no es más poderoso que todo el clero junto? Por lo que respecta a Otón y a los alemanes, en 962 ya llevaba unos siete años como emperador; lo era desde la batalla de Lechfeld en 955. El hecho de que el papa decidiera finalmente proclamar emperador a Otón era, a todos los efectos, insignificante.

Era evidente que Otón tenía ventaja y más poder en comparación con el papa. Otón también sofocó finalmente la rebelión de Berengario en 963, solo que lo hizo tras recibir la corona imperial. Que el papa Juan

---

[i] Robbie, Steven. "Can Silence Speak Volumes? Widukind's Res Gestae Saxonicae and the Coronation of Otto I Reconsidered". Early Medieval Europe 20, nro. 3 (2012): 333-362.

XII fue, en cierto modo, coaccionado para aceptar a Otón como emperador del Sacro Imperio Romano Germánico podría apoyarse en el hecho de que, poco después de la coronación, intentó debilitar la posición de Otón y posteriormente fue depuesto[i]. Es interesante que el papa Juan XII sea descrito como un «monstruo» y un «traidor» por algunos de los primeros cronistas del reinado de Otón[ii]. El papa fue acusado de ponerse del lado del hijo de Berengario, Adalberto. También fue reprendido por sus supuestas hazañas sexuales, así como por el lamentable estado de las muchas iglesias de Roma. Otón el Grande organizó un gran concilio en Roma, en la basílica de San Pedro, al que asistieron numerosos arzobispos, obispos y miembros del clero y de la élite romana. Este concilio depuso rápidamente al papa Juan XII en 963.

Es interesante cómo las acusaciones contra el papa Juan XII se fusionaron para describir a una persona de moral miserable. No solo era un traidor, sino también una persona sexualmente promiscua. Por ejemplo, el papa Juan XII supuestamente violó a mujeres en las iglesias, tuvo relaciones incestuosas con su tía y regentó un burdel. A decir verdad, en el siglo X, el celibato no era un requisito necesario para el clero romano. De hecho, algunos sacerdotes incluso estaban casados, y aún más de ellos eran ampliamente conocidos por ser sexualmente activos[iii]. Sin embargo, los delitos imputados a Juan XII eran escandalosos, incluso en el ambiente algo indulgente de la Roma del siglo X.

Juan XII nunca respondió a estas acusaciones; huyó de Roma cuando se enteró del concilio que se estaba organizando para deponerlo. El nuevo papa fue León VIII (elegido por Otón el Grande), que debía de tener aún peor reputación porque Juan XII consiguió volver a Roma en 964 y provocar la propia deposición de León con la ayuda del populacho de Roma. Otón había desmontado su ejército y abandonado Roma poco después de deponer a Juan XII. Al enterarse del regreso del espantoso Juan XII, Otón comenzó a planear un asedio a Roma, pero la muerte de Juan fue más rápida. En mayo de 964, el papa Juan XII

---

[i] Poole, Reginald L. "The Names and Numbers of Medieval Popes". The English Historical Review 32, nro. 128 (1917): 465-478.
[ii] Grabowski, Antoni. "Liudprand of Cremona's papa monstrum: The Image of Pope John XII in the Historia Ottoni". Early Medieval Europe 23, nro. 1 (2015): 67-92.
[iii] Ibid. pág. 76

murió, y Benedicto V se convirtió en el nuevo papa, tal y como deseaban los romanos. Benedicto V no era realmente el favorito de Otón, así que él también fue exiliado, y León VIII fue llevado de nuevo como cabeza de la iglesia.

Este breve episodio es uno de los muchos ejemplos de la turbulenta historia de la Iglesia romana. Como podemos ver, la Iglesia romana tuvo sus propios escándalos y asuntos hace más de mil años. Por ahora, sin embargo, centrémonos en el final del reinado de Otón y luego pasemos rápidamente por los reinados de sus sucesores.

En 966, y tras varios contratiempos más en Italia, Otón había decidido hacer de Roma su residencia permanente. Otón quería subyugar gradualmente a toda Italia y aplastar de una vez por todas la rebelión que se había estado fomentando en Italia durante bastante tiempo. Una vez más, Otón no permitió la libre elección del nuevo papa. Tras la muerte de León VIII en 965, otro favorito de Otón se convirtió en el nuevo papa: Juan XIII. El papa Juan XIII continuó lo que algunos autores llaman «pornocracia» en Roma, o al menos así se lo pareció a los miembros de la nobleza romana. (Pornocracia es cuando se permite gobernar a individuos moralmente decadentes, sexualmente promiscuos y libertinos)[i]. Al igual que su predecesor, León VIII, Juan XIII fue expulsado de Roma e incluso mantenido en cautiverio. Y una vez más, Otón tuvo que regresar a Italia con un gran ejército. Esta vez, estaba más decidido que nunca a aplastar a quienes se atrevieran a poner en tela de juicio la autoridad de Juan y la suya propia[ii].

Juan XIII ordenó castigar sin contemplaciones a uno de los instigadores de la rebelión, Pedro, el prefecto de Roma, cuyas fuerzas fueron decisivas para capturar y expulsar a Juan de Roma. Pedro pasó por todo un calvario de vergüenza pública. Primero, se lo dejó colgar de la estatua de Marco Aurelio. Luego, fue desnudado y colocado en un asno mirando hacia atrás. Por último, fue adornado con plumas y paseado por toda la ciudad.

Una de las últimas acciones políticas importantes de Otón el Grande fue su acercamiento al Imperio bizantino. El conflicto entre el Sacro Imperio Romano Germánico y el Imperio bizantino era doble. Ambos imperios creían que el sur de Italia era su dominio exclusivo y ambos

---

[i] Brook, Lindsay. "Popes and Pornocrats: Rome in the Early Middle Ages". Fundaciones 1, nro. 1 (2003): 5-21.
[ii] Roach, Levi. "The Ottonians and Italy". German History 36, rno. 3 (2018): 349-364.

querían ser los únicos sucesores del gran Imperio romano. Otón el Grande consiguió llegar a un compromiso. Los bizantinos aceptaron reconocerlo como emperador del Sacro Imperio Romano Germánico sin socavar gravemente su propia autoridad, y Otón el Grande accedió a dejar el sur de Italia (Apulia y Calabria) a los bizantinos. Además, el emperador Juan I Tzimisces accedió a que su sobrina Teófano (también transliterado como Teofanía) se casara con el hijo de Otón, Otón II, matrimonio que se completó en 972[i]. Durante un breve periodo, las animosidades entre Oriente y Occidente se calmaron y los dos imperios pudieron centrarse en otros problemas.

Otón el Grande regresó a Alemania, donde celebró la Pascua en 973. Murió poco después a la edad de sesenta años. Su hijo menor, Otón II, que entonces tenía diecisiete años, ascendió al trono imperial. Todos los hijos mayores de Otón habían muerto, lo que convirtió al hijo menor en el heredero aparente.

Declive y transición

Otón II (Otón el Rojo) tenía la intención de impulsar los planes de su padre para el Sacro Imperio Romano Germánico, aunque no pudo hacer gran cosa. Murió a la edad de veintiocho años en 983, probablemente a causa de la malaria, presente en Europa en aquella época, especialmente en Italia, donde murió Otón II. A lo largo de los diez años de su reinado, consiguió mantener unido el Sacro Imperio Romano Germánico, aplastando rebeliones y alimentando esperanzas de expandir su dominio hacia el sur de Italia. Sin embargo, estas esperanzas se vieron truncadas por su prematura muerte, que también sumió al precario Sacro Imperio Romano Germánico en un estado de caos[ii]. El hijo de Otón II, Otón III, solo tenía entonces tres años, lo que, huelga decirlo, desencadenó una crisis sucesoria. Aparecieron las desavenencias entre los cuidadores de Otón III (su madre, Teófano, y su abuela, Adelaida) y Enrique II, duque de Baviera. El duque Enrique II («el Pendenciero») estaba estrechamente relacionado con la familia imperial; su padre era el hermano menor de Otón el Grande.

---

[i] Osborne, John. "The Dower Charter of Otto II and Theophanu, and the Roman Scriptorium at Santi Apostoli". Documentos de la Escuela Británica de Roma 89 (2021): 137-157.

[ii] Welton, Megan, y Sarah Greer. "Establishing Just Rule: The Diplomatic Negotiations of the Dominae Imperiales in the Ottonian Succession Crisis of 983–985". Frühmittelalterliche Studien 55, nro. 1 (2021): 315-342.

Al principio, parecía que Enrique el Pendenciero se haría cargo de la custodia de Otón III porque fue el primero en llegar hasta el joven emperador tras la muerte de su padre. Adelaida y Teófano aún estaban en Italia cuando Enrique llegó hasta el joven Otón III en Aquisgrán. De 983 a 984, Enrique, en cierto modo, fue aclamado como rey en toda Alemania. Cuando las dos emperatrices regresaron a Alemania y obtuvieron el apoyo de la nobleza, Enrique se vio obligado a devolver a Otón III a su madre y a su abuela. A cambio, Enrique fue indultado por traición[i].

Otón III permaneció bajo la custodia de su madre y su abuela hasta 994, cuando cumplió catorce años. Las dos emperatrices consiguieron mantener unido el Sacro Imperio Romano Germánico, al menos ostensiblemente, dejándoselo al joven Otón III, que debía acallar a la nobleza que, en ausencia de un gobernante firme, empezaba a alejarse de la unidad que Otón el Grande había sido capaz de lograr.

El joven emperador sufrió la misma fe que su padre. Murió en 1002 en Italia, presumiblemente de malaria. Al igual que su padre, Otón III iba a casarse con una princesa bizantina. La princesa Zoe Porfirogéneta, hija del emperador Constantino VIII, se dirigía a Italia para casarse con Otón III, pero su muerte se precipitó. Tras su muerte, surgió una nueva crisis sucesoria, que terminó con la elección de Enrique el Exuberante, hijo de Enrique II el Pendenciero.

Enrique II («el Exuberante») se convirtió formalmente en emperador en 1014, cuando fue coronado por el papa Benedicto VIII. Al igual que su predecesor, Otón III, Enrique II no tuvo hijos, lo que produjo otra crisis sucesoria cuando murió en 1024. Esto abrió espacio para que los salios entraran en escena. Un emperador altamente religioso, Enrique el Exuberante fue el único gobernante alemán medieval canonizado por la iglesia; su esposa también fue canonizada.

Pero a pesar de toda su devota religiosidad, Enrique II fue una de las fuentes de la querella de las investiduras (o controversia de las investiduras), de la que se hablará en el próximo capítulo. A saber, Enrique II reforzó el control imperial de la iglesia, asegurándose de que todo el mundo en el imperio supiera que la iglesia no era solo responsabilidad del personal eclesiástico (sacerdotes, obispos, arzobispos, el papa, etc.), sino también responsabilidad del Sacro

---

[i] Ibid.

Imperio Romano Germánico[i]. Por ejemplo, Enrique II quiso legalizar el derecho del imperio a intervenir en asuntos eclesiásticos, como la elección del papa o de los arzobispos, una práctica que ya se venía utilizando desde hacía tiempo. Ni que decir tiene que el papa y la iglesia no estaban de acuerdo con esta postura. Sin embargo, durante el reinado de Enrique II, posiblemente gracias a su carisma, las animosidades se dejaron de lado, solo para resurgir poco después durante el reinado de los salios.

---

[i] ZELLER, Jules. *L'empire germanique et l'Eglise au Moyen-Age: les Henri*. Didier, 1876.

Capítulo 4: El gobierno salio y la crisis de investidura

Preludio a la crisis de investidura

Como era costumbre entre los germanos, tras la muerte del soberano sin heredero aparente, se celebraron elecciones entre la nobleza para elegir al nuevo gobernante. Conrado II, cuya bisabuela Lutgarda era hija de Otón el Grande, fue elegido nuevo rey alemán gracias a su rica experiencia vital y a su vida familiar estable (Conrado II tenía un hijo que podía heredar el trono).

Los otones mantuvieron una relación un tanto ambigua con la Iglesia. San Enrique (Enrique II), el último emperador otoniano, es un ejemplo perfecto de esta relación. Por un lado, era un hombre muy religioso y contribuyó al establecimiento y la difusión de la jerarquía eclesiástica en todo el Sacro Imperio Romano Germánico. Cuando los salios entraron en escena, la iglesia ya se había convertido en una herramienta poderosa y estaba en igualdad de condiciones con la nobleza secular y los señores feudales. La iglesia, en cierto modo, aseguraba la transición entre gobernantes y dinastías. Sin embargo, el primer rey salio germano, Conrado II, que había sido elegido por un consejo de nobles y autoridades religiosas, aún tenía algunos problemas con los rebeldes de Alemania e Italia. Tras acallar las voces disidentes en Alemania, se volvió hacia Italia, donde fue coronado como emperador del Sacro Imperio Romano Germánico en la basílica de San Pedro en 1027.

Para comprender el conflicto entre los salios y la Iglesia romana, primero tenemos que entender cómo la Iglesia se convirtió en un instrumento tan crucial en manos de los otones, especialmente de Enrique II. Los funcionarios eclesiásticos, sacerdotes, obispos y arzobispos se convirtieron, en cierto modo, en algo más importante que los señores feudales. Eran responsables no solo de los asuntos de otro orden, sino también del arreglo de los asuntos mundanos. Por ejemplo, en la abadía de Lorsch había un monasterio, y los funcionarios eclesiásticos de allí se encargaron de reunir una fuerza de diez mil hombres por parte de Enrique II[i]. Había una especie de equilibrio entre los poderes propios de la iglesia (que les había conferido el emperador) y su sumisión al emperador.

Sin embargo, cuando los salios llegaron al poder, este equilibrio se puso en entredicho. Conrado II y sus sucesores confiaron más en la nobleza secular para asegurar la sumisión de vastas zonas del Sacro Imperio Romano Germánico. Los salios eran una familia muy antigua; podían rastrear su ascendencia hasta los primeros tiempos de los primeros estados francos (incluso antes de que los carolingios llegaran al poder).[ii] Debían su ascenso al poder a esta ilustre herencia.

Es interesante, sin embargo, que el primer gobernante salio, Conrado II, fuera, en su mayor parte analfabeto, al igual que otros líderes medievales alemanes que vendrían después de él. Sin embargo, el dominio incompleto de Conrado de la lectura y la escritura no lo incapacitó realmente para gobernar. En cualquier caso, los líderes medievales debían su autoridad a su destreza en la guerra y a la cantidad de fuerza que podían reunir; su educación era secundaria.

Conrado II heredó un imperio muy peculiar. A pesar de llevar el nombre del antiguo Imperio romano, el Sacro Imperio Romano Germánico tenía una administración mucho más débil (de hecho, era prácticamente inexistente) en comparación con el Imperio romano. Aunque los otones eran aficionados a la guerra, intentaron instaurar al menos algún tipo de administración con la ayuda de la iglesia, que se convertiría, en cierto modo, en la mano derecha de la familia imperial. Pero a todos los efectos, el Sacro Imperio Romano Germánico no era más que una idea, una especie de prestigio que muchos gobernantes

---

[i] Zeller, Jules. L'empire germanique et l'Eglise au Moyen-Age: les Henri. Vol. 3. Didier, 1876.
[ii] Ibid.

intentaron alcanzar sin conseguir realmente establecer un gobierno permanente sobre las vastas zonas que supuestamente poseían. Esta fue la razón por la que cada gobernante de la dinastía otoniana tuvo que reconquistar literalmente algunas de «sus» tierras inmediatamente después de subir al poder. Aunque los otonianos pacificaban Italia, los problemas estallaban en otros lugares.

Correspondía a los salios intentar resolver este gran problema de gobernar un territorio tan vasto. Conrado II se enfrentó a todos los problemas habituales. En cuanto asumió el título de rey de los germanos, se enfrentó a nobles rebeldes, como Rodolfo III, rey de Borgoña; Ernesto II, duque de Suabia, y Odo, conde de Champaña. Se sentían solo subordinados a los otones, no a la recién elegida dinastía salia. Como veremos, la idea de subordinación era en gran medida personal. No se trataba de que una nación formara parte de una nación o Estado mayor, sino de que dos líderes acordaran algo entre ellos. El concepto de poder era personal y también concreto, ya que podía expresarse a través de la fuerza muy real que podía ejercer un gobernante.

Conrado II reafirmó la heredabilidad de los feudos singulares, haciendo más difícil su desvinculación de las familias que tradicionalmente los gobernaban. Al hacerlo, arrojó luz sobre la perenne ruptura entre los poderes mundanos y espirituales.

Conrado II se enfrentó a una resistencia considerable en Italia. La Iglesia romana planeaba proclamar emperador al príncipe Guillaume (Guillermo) de Aquitania. Él se negó, sabiendo que solo sería un peón en la partida de ajedrez que jugaban los papas, arzobispos y obispos italianos. En 1026, Conrado II llegó a Italia con un ejército bastante numeroso, asegurándose de que todos en Italia supieran lo que podía ocurrir si decidían desobedecerlo. La llegada y estancia de Conrado en Italia a veces parecía más una invasión brutal que una visita a una de las partes de su vasto imperio. Algunas ciudades no se atrevieron a abrir sus puertas al rey alemán, y pagaron cara su desobediencia. La ciudad de Pavía se salvó, pero sus rutas y viñedos no. Rávena sufrió aún más. Se dejó entrar a los soldados de Conrado II, pero empezaron a producirse refriegas entre ellos y los confusos habitantes. Entonces se cerraron las puertas de Rávena y los soldados que lograron entrar en la ciudad fueron perseguidos por las calles y masacrados. Al enterarse de esto,

Conrado II dejó entrar a sus soldados en la ciudad para vengar a sus hermanos caídos[i].

Este tipo de escenario fue más una regla que una excepción en las conquistas alemanas de Italia. Cada rey alemán (aspirante a emperador o ya emperador del Sacro Imperio Romano Germánico) llegaba con un gran ejército. Como dice el proverbio: «Un gran ejército siempre es desordenado». Un gran ejército tiene que ser alimentado, vestido y cobijado, y con el tiempo, esto se convierte en una carga increíble para la nación que recibe al ejército. Además, las ciudades italianas, culturalmente hablando, estaban mucho más avanzadas que las ciudades alemanas. La gente era algo menos tosca y belicosa que los alemanes. A la gente de Italia no le gustaba mucho ver masas interminables de guerreros alemanes asolando sus campos y ciudades. Esta fue la razón más profunda por la que cada rey alemán tuvo que reconquistar esencialmente Italia para ser proclamado emperador del Sacro Imperio Romano Germánico.

Conrado II llegó a Roma en marzo de 1027. El papa en ese momento era Juan XIX, que no estaba realmente en términos amistosos con Conrado II. La coronación no salió bien. Mientras se celebraba la ceremonia, estalló una pelea entre germanos y romanos. Al parecer, un soldado alemán intentó robar cuero a un romano. En la refriega que estalló, un aristócrata sueco resultó muerto. Fue entonces brutalmente vengado por los soldados alemanes. Los que participaron en el combate fueron castigados al día siguiente, y el castigo se cumplió con las mismas armas que utilizaron para herir a otros el día anterior.

Conrado II permaneció en Italia durante casi dos años. Mientras estaba ocupado pacificando Italia, los nobles de Alemania, aprovechando la ausencia de su emperador, comenzaron a rebelarse. Ernesto, conde de Suabia, fue la figura más importante de esta nueva rebelión, aunque se le unieron muchos otros. El principal motivo de esta rebelión fue el conflicto entre la vieja nobleza y la nueva élite eclesiástica. Los altos nobles sentían que su poder se diluía mientras la iglesia se hacía cada vez más poderosa.

Pero aquí, la clarividencia de Conrad pasó a primer plano. Antes, exigió un juramento, no solo a los altos nobles, sino también a los nobles inferiores, que tradicionalmente eran directamente responsables ante

---

[i] Ibid. Pág. 39.

duques y condes, pero no necesariamente ante el emperador. Ahora, todos ellos tenían un sentimiento de obediencia directa al emperador, por lo que abandonaban regularmente a sus duques y condes cuando se rebelaban contra Conrado II.

Tras sofocar esta rebelión, Conrado nombró heredero a su hijo mayor. No dejó nada al azar. Todos los demás hijos de Conrado fueron finalmente enviados a monasterios, donde poco podían hacer para poner en peligro la autoridad de su hermano mayor. Esto muestra muy bien la posición de la iglesia durante el reinado de Conrado II. La iglesia era un instrumento de poder y, en última instancia, estaba subordinada al emperador.

Mientras que Conrado II se cuidaba mucho de estar en buenos términos con la baja nobleza, asegurando el estatus hereditario de sus tierras, hacía exactamente lo contrario con la alta nobleza. Siempre que podía, Conrado II les quitaba el estatus hereditario a los ducados y feudos importantes para poder, poco a poco y mediante matrimonios estratégicos, llevar más y más tierras a su propia familia. Comenzó a eliminar a todos los intermediarios entre la baja nobleza y él mismo, erradicando la vana ambición de duques, condes y príncipes. Sin embargo, la baja nobleza quedó fragmentada, ya que les resultaba bastante difícil unir sus fuerzas y llegar a un acuerdo: simplemente eran demasiados. En cambio, unos cuantos duques y condes podían reunirse fácilmente y decidir si querían rebelarse o no. En cierto modo, este fue un comienzo, aunque tímido y lento, de la formación de la identidad alemana moderna. Las «pequeñas» naciones alemanas de Suabia y Baviera fueron despojadas de sus líderes y poco a poco comenzaron a fundirse en una identidad alemana universal.

Pero al mismo tiempo, esta fue la raíz de la querella de las investiduras. Conrado II debilitó la posición de la iglesia y, en cierto modo, funcionó como un líder pagano que solo estaba en buenos términos con la iglesia mientras sirviera a sus intereses. Se ocupaba de los asuntos eclesiásticos mientras pudiera sacar provecho y ganar algo para él y su familia. Todo lo demás (tal vez las cosas más espirituales e idealistas que admiraba Enrique II) tenía una importancia secundaria.

La dinastía alemana gobernante apoyaba a quien garantizara el servilismo de la Iglesia. Conrado II permitió incluso el ascenso al papado de un hombre muy joven, que debía este ascenso al soborno de su padre[i]. En 1032, Benedicto IX fue proclamado nuevo papa. No se sabe con certeza qué edad tenía entonces, pero según algunas fuentes, podría haber tenido tan solo doce años. La mayoría de los historiadores creen que tenía unos veinte años, lo que lo convierte en la persona más joven que se ha sentado en la silla de San Pedro. También es el único papa que ha ocupado el cargo más de una vez. La edad de Benedicto y su forma de alcanzar el papado habrían sido vergonzosas para el más piadoso Enrique II, pero para el pragmático Conrado II, esto no era un problema en absoluto.

No es sorprendente que la rebelión comenzara a fomentarse en Italia ya en 1035. Una serie de nobles, vasallos y ciudadanos ricos se unieron en el norte de Italia y se rebelaron contra el arzobispo Heriberto, que era básicamente la personificación del poder imperial en Italia. En 1036, Conrado II había llegado a Italia con un gran ejército para sofocar personalmente esta rebelión. Intentó introducir cambios similares a los que ya había aplicado en Alemania. En concreto, Conrado II intentó reducir los poderes de la alta nobleza, exigiendo el servilismo personal de los nobles menores.

Durante los últimos años de su vida, Conrado II pasó la mayor parte del tiempo en Italia, intentando destruir de una vez por todas cualquier poder que osara cuestionar el suyo. En 1039 regresó a Alemania, pero cayó enfermo y pronto murió. Sentó las bases de un Sacro Imperio Romano Germánico diferente, orgulloso de su poder terrenal y con una sed inagotable de engrandecerse. Enrique III continuó lógicamente la obra iniciada por Conrado II.

Enrique III («el Negro») era mucho más culto que su padre. Su apodo proviene de su barba oscura, que podría haber sido bastante inusual en la Alemania del siglo XI. Se lo describía como piadoso, humilde, bello, valiente y amante de la paz[ii]. Sin embargo, ser un amante de la paz tenía un significado diferente en la época medieval, un tiempo en el que la guerra era más bien una parte normal de la vida. Enrique III se enzarzó en numerosas guerras por toda Europa; era como si lo impulsara una compulsión irresistible. Primero fue el príncipe bohemio Bretislao, quien conquistó Polonia, que había caído en una especie de anarquía y experimentaba un renacimiento de las tradiciones paganas. Bretislao, gran defensor del cristianismo, invadió Polonia, posiblemente

---

[i] Ibid.
[ii] Ibid. pág. 83.

con el pretexto de traer de vuelta el tan necesario orden y la religión cristiana. A Enrique III no le gustó nada esta expansión territorial de Bretislao y quiso que este se retirara de Polonia, a lo que el príncipe bohemio se limitó a decir que no. En 1040, hubo un intento de conquista de Bohemia, que finalmente no tuvo éxito, ya que las fuerzas alemanas invasoras eran constantemente emboscadas desde los espesos bosques polacos. Al año siguiente, Enrique regresó con un ejército aún mayor, esta vez atacando el centro de poder de Bretislao, Praga.

A continuación vino Hungría, que también había sido cristianizada recientemente. El rey Esteban, primer rey cristiano de Hungría, dejó un hijo muy culto y civilizado, Pedro, para gobernar el país. Sin embargo, Pedro fue incapaz de aplacar a los todavía muy incivilizados húngaros y fue derrocado por Samuel Aba, un destacado noble húngaro. Samuel continuó destruyendo algunos asentamientos alemanes, lo que atrajo la atención de Enrique. La primera expedición húngara de Enrique, en 1042, tuvo un éxito parcial, ya que su ejército quedó atascado en los pestilentes pantanos del río Danubio. La segunda expedición, en 1043, tuvo más éxito, y Hungría fue completamente subyugada al Sacro Imperio Romano Germánico.

Los conflictos estallaban, incluso dentro de la propia Alemania, por las razones más insignificantes: una vaca robada, campos atropellados por cazadores, acoger a un siervo fugitivo, etc. Todas ellas eran ocasiones perfectas para incitar a la violencia dentro de Alemania. Los nobles bajos se unían contra sus superiores, mientras que estos hacían todo lo posible para asegurarse el servilismo de sus vasallos.

Los funcionarios parroquiales entraban frecuentemente en conflicto con los señores feudales vecinos, a los que consideraban despojados de su poder y autoridad. Este tipo de ambiente dio lugar al típico paisaje medieval, formado por pequeñas ciudades muy fortificadas. Cada monasterio y cada ciudad tenían que valerse por sí mismos, a menudo a expensas de sus vecinos. Alemania se sumió en una especie de guerra perenne. Pueblos enteros eran incendiados para castigar a su señor feudal mientras este permanecía sentado dentro de sus fortificaciones. Los vecinos se convirtieron en enemigos potenciales, lo que impidió el libre comercio y ahogó la economía. Es probable que numerosas hambrunas fueran consecuencia de este estado de anarquía, que hacía casi imposible la transferencia de información y mercancías entre los asentamientos[i]. En algunos momentos, la hambruna fue tan drástica que obligó a la gente a recurrir al canibalismo. La gente se vio obligada a comer pan hecho con granos infestados, lo que provocó epidemias de enfermedades, como el ergotismo[ii]. Otras enfermedades también llegaron a Europa, como la peste negra o la lepra.

El panorama cultural, social y económico del país de Enrique era pésimo. La muerte estaba por todas partes, y llegaba en las peores formas posibles. No es de extrañar que personas de toda condición buscaran una salida. Necesitaban consuelo, algo que pudiera convencerlos de que su sufrimiento terrenal no era en vano. Afortunadamente para ellos, la Iglesia fue capaz de hacerlo. Al interpretar todos estos males como castigos de arriba, la iglesia dio a la gente la esperanza de que podrían mejorar las cosas si se convertían en personas buenas y piadosas. Aunque los salios se centraron en el valor secular de la iglesia, el pueblo reconoció el valor espiritual de la iglesia. Este estatus revivificado de la iglesia es otra de las razones de la querella de las investiduras.

La iglesia era quizá la única institución que predicaba la paz en la Tierra. Mientras todo gritaba guerra, la iglesia murmuraba palabras de paz a los oídos de la población. De ahí surgieron las iniciativas de Paz y Tregua de Dios de la iglesia, no solo en Alemania, sino en toda Europa. La gente no debía participar en actividades bélicas durante determinados periodos del año (como las fiestas cristianas importantes). En algunas regiones, la gente se abstenía de llevar a cabo actividades bélicas de miércoles a lunes. Enrique III, que comprendió el impulso de este movimiento colectivo, lo aceptó en 1043.

Tal vez los pueblos de Europa no observaron la Paz y la Tregua de Dios con suficiente diligencia, ya que el invierno entre 1045 y 1046 fue excesivamente crudo, seguido de hambruna y peste. Enrique III cayó enfermo y parecía que Alemania tendría que buscar un nuevo emperador, puesto que Enrique III solo tenía una hija. Sin embargo, Enrique pronto mejoró y continuó con sus ambiciosos planes para su imperio. Una de las cosas que hizo fue fomentar la simonía y permitir

---

[i] Ibid.

[ii] El cornezuelo es una especie de hongo que crece en el grano, especialmente en el centeno. La droga LSD se elabora a partir del cornezuelo. Hasta hace poco, no era raro que pueblos enteros o incluso regiones de un país padecieran ergotismo, que se caracteriza por problemas gastrointestinales, gangrena, alucinaciones y psicosis.

implícitamente el matrimonio entre sacerdotes[i]. Al hacer esto, fue en contra de dos importantes cánones de la iglesia. El matrimonio entre sacerdotes no era inaudito, pero esta práctica se hizo aún más frecuente a principios del siglo XI. Los cargos en la iglesia se compraban y vendían como cualquier otra mercancía en el mercado. En Alemania, las elecciones dentro de la iglesia se volvieron insignificantes y carentes de sentido porque alguien siempre podía hacer una buena oferta y hacerse con un determinado puesto, dejándoselo a menudo a sus sucesores. Así, la simonía y el matrimonio entre sacerdotes se combinaron para crear una situación absurda en la que la gente compraba puestos en la jerarquía eclesiástica y luego intentaba legarlos a sus hijos.

La coronación de Enrique III y la perpetuación de la crisis de las investiduras

Enrique III cruzó los Alpes en 1046, dirigiendo una especie de ejército eclesiástico hacia Italia. Fue recibido por el papa Gregorio VI, que había hecho algunas cosas que enfadaron a Enrique III, como no nombrar obispos del agrado de la corte imperial. Se celebró un concilio que tuvo como resultado la destitución de Gregorio. Fue acusado de simonía, avergonzado públicamente y obligado a abandonar el papado. La calidad caprichosa del razonamiento ético de Enrique es obvia. En Alemania, la simonía era rampante y en cierto modo fomentada por la corte. En Italia, se utilizó para deponer al papa Gregorio VI.

Se celebró una especie de simulacro de elecciones papales. Ostensiblemente, se permitió al pueblo de Roma elegir a su nuevo papa. Sin embargo, renunciaron a este derecho y se lo cedieron nada menos que a Enrique III, que proclamó nuevo papa al obispo de Bamberg, que mantenía relaciones muy amistosas con su corte. Fue nombrado papa Clemente II. El nuevo papa coronó a Enrique III y lo proclamó emperador del Sacro Imperio Romano Germánico en 1046[ii].

En los días siguientes, quedó claro que Enrique III había amasado un poder terrenal y un poder espiritual total. Tenía el poder de elegir y deponer a importantes autoridades dentro de la jerarquía de la Iglesia romana. Podía deponer a cualquier papa que quisiera y poner en el trono a su propio papa alemán.

---

[i] La simonía es la práctica de vender posiciones en la jerarquía eclesiástica. Enrique III no fue el primero ni el último gobernante alemán en hacerlo, pero durante su reinado la simonía alcanzó nuevas cotas.

[ii] Zeller, Jules. L'empire germanique et l'Eglise au Moyen-Age: les Henri.

Al regresar a Alemania, donde le esperaba una plétora de problemas, dejó a Clemente II en Roma, llevando consigo al antiguo papa, Gregorio VI. Este último fue internado en una prisión/castillo situada a orillas del Rin. Clemente II murió en 1047, envenenado por los romanos (al menos eso especularon algunos). El emperador del Sacro Imperio Romano Germánico eligió a un bávaro llamado Poppo, obispo de Brixen, para ser el nuevo papa. Poppo se convirtió en Dámaso II, pero su estancia en la silla de San Pedro fue excesivamente corta; murió veintitrés días después de ser proclamado papa en 1048. Probablemente fue envenenado por el partido antiimperial, cuyos miembros eran aún bastante numerosos en Roma.

El emperador Enrique III eligió entonces a Bruno, obispo de Toul, para ser el siguiente papa. Bruno tomó el nombre de León IX. Sabía que su poder personal en Roma sería escaso y que tenía que llegar a algún tipo de acuerdo con el pueblo y los sacerdotes de Roma. Se reunió y habló con las personas más importantes de Roma antes incluso de entrar en la ciudad, y asumió el cargo que le había concedido el emperador. Esto aplacó a los romanos, que aceptaron a León IX.

El papado de León IX significó una especie de tregua entre Enrique III y la Iglesia. Sin embargo, el conflicto no se resolvió del todo, ya que la querella de las investiduras simplemente se dejó de lado. Enrique III volvió al oficio principal de los salios: la guerra. Los conflictos con húngaros, eslavos, flamencos, italianos y polacos mantuvieron ocupado a Enrique III. Cayó enfermo y murió en 1056, dejando el trono a su hijo, Enrique IV.

Enrique III fue un gobernante extremadamente poderoso, posiblemente más que Carlomagno y Otón el Grande. Dominó numerosas naciones sin gobernarlas realmente. Su poder e influencia dependían de su energía personal y de su capacidad para resolver rápidamente cuestiones políticas complejas, a menudo gracias al uso de la fuerza. Sin embargo, los problemas que dejó a sus sucesores fueron demasiado pesados para ellos. La querella de las investiduras, que quedó algo latente durante su reinado, se reavivaría en cuanto murió.

Enrique IV tenía seis años cuando murió Enrique III, por lo que naturalmente necesitaba un regente. Su madre, Inés, imploró al papa Víctor II que apoyara a su hijo y a ella misma hasta que Enrique madurara lo suficiente para seguir los pasos de su padre. A pesar de recibir el apoyo de la iglesia, Inés no pudo mantener el mismo nivel de orden dentro del imperio. En cuanto murió Enrique III, varios nobles comenzaron a rebelarse. Inés se sintió obligada a devolver numerosos ducados a la alta nobleza, aumentando su poder e influencia.

La creciente autonomía de los italianos no debería sorprender demasiado. En 1058, Esteban IX fue elegido papa tras la muerte de Víctor II. La elección se produjo sin el conocimiento de la familia imperial. Con muchas reformas en mente (por ejemplo, predijo la futura elección de papas dirigida por los cardenales, no por el emperador, el pueblo o los nobles de Roma), Esteban IX fue considerado peligroso por varios actores importantes de Roma. Fue asesinado poco después de ascender al papado. En el caos que siguió al asesinato, Benedicto X se convirtió en el nuevo jefe de la Iglesia romana (en realidad era un antipapa, ya que su ascensión no fue legítima). Ascendió al poder gracias a las intrigas y a sus poderosas conexiones; Benedicto X era hermano del muy odiado pero influyente expapa Benedicto IX. El siguiente papa, Nicolás II, fue traído por los partidarios del asesinado Esteban IX, que destituyó al antipapa Benedicto X en 1059. Benedicto X solo pudo aferrarse al trono papal por poco tiempo; a pesar de tener conexiones poderosas, el clero simplemente no toleraría a un antipapa en el trono durante mucho tiempo[i].

Nicolás II tuvo una inmensa importancia para separar a la Iglesia de la influencia de los emperadores del Sacro Imperio Romano Germánico. El papa Nicolás II confirmó las reformas iniciadas por Esteban IX, pasando a prohibir de una vez por todas el matrimonio entre sacerdotes. También incitó al pueblo a rechazar a los sacerdotes conocidos por su simonía y comportamiento licencioso. Durante la época de Nicolás II, quedó claro que el papa solo podía ser elegido por un consejo de cardenales y que las opiniones del pueblo, la nobleza y el propio emperador solo podían llegar después de que los cardenales dieran a conocer a su candidato.

Para entonces, los muchos sacerdotes se asemejaban tanto a los plebeyos que empezaron a llevar armas y a acumular posesiones materiales. Nicolás II restableció la prohibición de las armas entre los sacerdotes y trató de limitar la posesión privada entre el personal eclesiástico. El espíritu comunitario se vio reforzado por la obligación de las comidas en grupo de todo el personal religioso que servía en la

---

[i] El antipapa era esencialmente un papa que posteriormente fue rechazado por la Iglesia católica como ilegítimo. Benedicto X fue uno de esos papas rechazados por la Iglesia católica.

misma iglesia. Todas estas y muchas otras obligaciones fueron proclamadas formalmente por el Concilio de Melfi en 1059.

Mientras tanto, el joven Enrique IV crecía, y sus responsabilidades como jefe de Estado eran desempeñadas por su madre. Un grupo de aristócratas influyentes decidió que el joven Enrique debía ser guiado y educado por autoridades eclesiásticas serias, como el obispo Anno. En 1062, Enrique IV fue secuestrado por el obispo Anno mientras se encontraba con su madre en Kaiserswerth. Según cuenta la historia, el obispo visitó a Enrique e Inés en su palacio de Kaiserswerth (la actual Düsseldorf) e invitó a Enrique a un paseo en barco por el Rin. El paseo en barca resultó ser un secuestro y Enrique IV quedó bajo la custodia del obispo Anno.

Anno era un pedagogo diferente para el joven Henry. Mientras que su madre le permitía ostensiblemente numerosas indulgencias, Anno era más severo y a menudo llevaba a Enrique al borde del colapso mental con sus métodos disciplinarios[i]. Este tipo de educación era demasiado desequilibrada y contribuyó a que Enrique IV se volviera inestable. Estaba poco preparado para afrontar los retos de la querella de las investiduras y las luchas internas en Alemania.

En 1065, Enrique IV alcanzó la mayoría de edad y comenzó a gobernar el imperio en solitario. Enrique IV quería revivir el poder de su padre, que se había perdido durante los años de regencia bajo su madre Inés. Se puso manos a la obra para intentar obtener el control de grandes feudos y suprimir el poder de la alta nobleza, apoyándose en gran medida en la baja nobleza, al igual que había hecho su padre. Sin embargo, Enrique IV tuvo que enfrentarse a una iglesia mucho más fuerte, que estaba dirigida por una figura muy importante: Hildebrando.

Recordará que hablamos de cómo Enrique III exilió al papa Gregorio VI, enviándolo a Alemania. Hildebrando fue una de las personas que siguieron a Gregorio VI a Alemania. Hildebrando fue ascendiendo poco a poco gracias a su celo religioso, honestidad y tacto. Los esfuerzos de Hildebrando fueron reconocidos cuando fue nombrado archidiácono de la iglesia hacia 1058. Dirigió la administración de la iglesia desde entonces y a través de los reinados de varios papas.

---

[i] Ibid. pág. 236.

En 1073, la popularidad e influencia de Hildebrando eran tales que casi le permitieron saltarse las leyes de elección papal que él mismo había establecido. Mientras el pueblo y el clero de Roma lloraban al papa Alejandro II, la multitud empezó a gritar el nombre de Hildebrando, ofreciéndolo como nuevo papa. Hildebrando no quería ser elegido de esta manera. De hecho, huyó del lugar para evitar cualquier irregularidad. No tardaron en encontrarlo, fue elegido por un consejo de cardenales y aclamado rápidamente por el pueblo de Roma. Se convirtió en el papa Gregorio VII, nombre elegido como homenaje a su maestro, el papa Gregorio VI. Gregorio VII se dedicó inmediatamente a reeditar las prohibiciones de la simonía y el matrimonio entre sacerdotes, que ahora eran delitos graves castigados con la excomunión. Gregorio VII también reafirmó el derecho papal exclusivo de elegir obispos y trasladarlos de diócesis.

No hace falta decir tiene que esto no fue muy bien recibido en Alemania. Enrique IV quería hacer exactamente lo contrario; quería que la iglesia se sometiera completamente a él, y quería controlar las elecciones de papas y obispos. Pero justo en el momento de la ascensión de Hildebrando a la silla de San Pedro, estalló en Alemania la llamada rebelión sajona. Sajonia tenía muchos señores poderosos que se sentían amenazados por el joven y temerario Enrique IV, y se rebelaron contra su rey hacia 1073. El conflicto duró varios años, debilitando seriamente el poder de Enrique. Hacia 1075, estaba claro que las fuerzas de Enrique prevalecerían, y el joven rey pudo finalmente dirigirse a los rebeldes italianos. Entonces fue descaradamente en contra de las leyes promulgadas por Gregorio VII al nombrar a Tedaldo arzobispo de Milán.

En 1076, las animosidades entre el Sacro Imperio Romano Germánico y la Iglesia alcanzaron nuevas cotas. Gregorio VII fue formalmente «depuesto» por el Sínodo de Worms, formado principalmente por sacerdotes alemanes favorables al imperio. A su vez, Enrique IV fue excomulgado por el papa Gregorio VII, lo que puso en grave peligro su estatus en el Sacro Imperio Romano Germánico. Los condes y duques rebeldes (especialmente en Sajonia) tenían ahora otro argumento contra Enrique IV. Seriamente debilitado y sacudido por la excomunión, Enrique se vio obligado a pedir penitencia a Gregorio VII. En 1077, Enrique IV viajó a Canossa, donde lo esperaba Gregorio VII[i].

---

[i] Morrison, Karl F. "Canossa: a revision". Traditio 18 (1962): 121-148.

Según una antigua historia, Enrique se arrodilló durante tres días ante el castillo de Canossa antes de que le permitieran entrar. Al realizar tal acto, Enrique consiguió lavar sus pecados anteriores, obligando al papa Gregorio VII a perdonarlo por sus malas acciones anteriores.

Henricus. 4. Emperour. Waiting 3. dayes vpon Pope Gregory 7. Image of Antichrist.

Enrique IV en Canossa[7]

En general, Gregorio VII estaba dispuesto a negociar con Enrique IV, incluso después de los posteriores y cuantiosos incumplimientos del propio Enrique a los acuerdos a los que había llegado con la iglesia. Enrique no aceptó abierta ni formalmente al nuevo rey (o antirrey) alemán Rodolfo, elegido por la nobleza alemana y apoyado por la iglesia. Hacia 1078, Gregorio recibía regularmente cartas airadas de los sajones, que renovaron su rebelión, impulsados por los recientes problemas de Enrique con la iglesia. Estaban perplejos por la ambigua postura de Gregorio hacia Enrique y el nuevo rey, Rodolfo, y no entendían por qué Gregorio seguía reconociendo a Enrique como rey de los germanos. Las dudas continuaron hasta el año 1080, cuando quedó claro que Enrique se impondría a Rodolfo. Solo entonces Gregorio expresó su apoyo a Rodolfo. También renovó su excomunión de Enrique, algo que no estaba necesariamente motivado por preocupaciones militares. Enrique siguió trabajando con personas que ya habían sido excomulgadas por la iglesia. Intentó sobornar a un legado papal y siguió comportándose de forma flagrante e impúdica.

Enrique, a su vez, depuso al papa mediante el Sínodo de Brexen, al que asistieron exclusivamente obispos amigos del Sacro Imperio

Romano Germánico. También se proclamó al nuevo papa. El arzobispo Guibert se convirtió en el antipapa Clemente III.

Enrique consiguió llegar a Roma en 1084, y Clemente III fue proclamado final y formalmente como nuevo papa. Gregorio VII no tuvo más remedio que huir de la ciudad. Ese mismo año, Clemente III proclamó a Enrique emperador del Sacro Imperio Romano Germánico. Ambos se vieron pronto obligados a huir de Roma debido a la amenaza que suponían las fuerzas normandas amigas de Gregorio VII. Sin embargo, al viejo papa no se le permitió sentarse en la silla de San Pedro, en gran parte debido al desorden que las tropas normandas causaron en Roma. Gregorio VII fue considerado responsable de ello y se vio obligado a huir una vez más.

Durante los siguientes veinte años, aproximadamente, se elegirían dos líneas de papas, una proimperial y otra antiimperial. En su mayor parte, los proimperiales no fueron realmente influyentes en Roma, pero esporádicamente se dieron a conocer, incluso en la propia Roma. La querella de las investiduras continuó hasta el ascenso de Enrique V, hijo de Enrique IV, en 1105.

Enrique IV regresó a Alemania, donde tenía gran cantidad de asuntos pendientes con los aristócratas. Estas disputas internas lo mantuvieron ocupado en los últimos veinte años de su reinado. La influencia del hijo de Enrique, Enrique V, aumentó en los últimos años del reinado de Enrique IV. Finalmente, Enrique V obtuvo el apoyo de la nobleza y obligó a su padre a abdicar en 1105.

Enrique V dio inicialmente a la gente la impresión de un joven que quería resolver el conflicto entre la iglesia y el imperio. Sin embargo, esa opinión cambió en 1111 cuando encarceló al papa Pascual II, obligando al papa a entregarle la corona imperial. Esto inició un conflicto entre la nobleza y la iglesia, que terminó en el Concordato de Worms en 1121, que puso fin de una vez por todas a la querella de las investiduras.

El Concordato de Worms afirmó la supremacía del papa en el ámbito de la iglesia, preparando el escenario para un aumento sin precedentes del poder del papa[i]. Enrique V murió bastante joven en 1125, y su muerte también puso fin a la dinastía salia.

---

[i] De Mesquita, Bruce Bueno. "Popes, Kings, and Endogenous Institutions: The Concordat of Worms and the Origins of Sovereignty". International Studies Review 2, nro. 2 (2000): 93-118.

Capítulo 5: Los emperadores Hohenstaufen

Con el ocaso del dominio salio llegó el amanecer de la dinastía Hohenstaufen. Los progenitores de la dinastía Hohenstaufen ya habían alcanzado prominencia durante la dinastía otoniana. La familia Hohenstaufen procedía de Suabia, y los cabezas de familia ejercían como condes de palacio en Suabia. Federico Hohenstaufen fue uno de estos condes de palacio. En el siglo XI, logró preparar el terreno para el futuro ascenso al poder de su familia. El hijo del conde Federico, Federico de Büren, se casó con una prima del papa León IX, lo que mejoró inmensamente el estatus de su familia. Federico de Büren tuvo un hijo que acabó convirtiéndose en Federico I, duque de Suabia, en 1079, por orden del emperador del Sacro Imperio Romano Germánico Enrique IV.

El duque de Suabia, Federico I, se casó con la hija de Enrique IV, Inés, fomentando los lazos entre la ascendente familia Hohenstaufen y la dinastía gobernante de los Salios. Federico I ayudó a los salios en su lucha dentro de la provincia de Suabia. En aquella época, había en Suabia una serie de poderosos señores de la guerra (como Rodolfo de Rheinfelden, el antirrey) que impugnaban la autoridad de los salios. Estos señores de la guerra podrían haber comprendido que la caída de los salios ya había comenzado, pero no acertaron con el momento oportuno. Su revuelta llegó demasiado pronto.

Federico fue sucedido, como era de esperar, por otro Federico hacia 1105. Al igual que su padre, Federico II también siguió de cerca las órdenes de los salios.

Con la muerte del emperador Enrique V en 1125, la dinastía salia hizo su última aparición en el gran drama histórico. Había que llenar el vacío de poder lo antes posible, y la elección recayó finalmente en Federico II, duque de Suabia, o en Lotario de Supplinburg, duque de Sajonia. Federico II debió señalar que su madre, Inés, era hija de Enrique IV, lo que significaba que tenía la sangre imperial necesaria para ascender al trono del Sacro Imperio Romano Germánico. Lotario de Supplinburgo, por su parte, tenía a la aristocracia de su lado; toda la sangre imperial del mundo no significaba nada si uno no contaba con el apoyo de la aristocracia.

Lotario fue elegido por los miembros de la nobleza en las elecciones que se celebraron inmediatamente después de la muerte de Enrique V en 1125. Como era habitual en la época, el nuevo gobernante tuvo que afirmar su dominio dentro de la propia Alemania. Lotario tenía a los Hohenstaufen en su contra. Federico II perdió ante Lotario en las elecciones reales y también se enfrentó a la perspectiva de perder algunas de sus tierras debido a las políticas de Lotario. Era solo natural que estallara un conflicto armado debido a estas cuestiones.

Siguió otra guerra civil, en la que prevaleció el bando de Lotario, lo que convirtió a Lotario de Supplinburgo no solo en el nuevo rey alemán, sino también en el nuevo emperador del Sacro Imperio Romano Germánico en 1133. El mandato de Lotario fue una especie de interregno, un breve lapso que se interponía entre dos dinastías (en este caso, los Salios y los Hohenstaufen).

Aunque Lotario no gobernó realmente durante mucho tiempo, desempeñó un papel decisivo en uno de los cismas que se produjeron en el seno de la Iglesia católica. En 1130, tanto Inocencio II como Anacleto II reclamaron ser los jefes legítimamente elegidos de la iglesia, y ninguno de los dos se echaría atrás. Inocencio II fue expulsado de Roma por los partidarios de Anacleto II, pero logró obtener el apoyo de los principales gobernantes europeos, incluido Lotario.

Quizá una de las cláusulas del apoyo de Lotario a Inocencio II fue que este lo coronara emperador del Sacro Imperio Romano Germánico en 1131. Unos cinco años más tarde, Lotario consiguió llegar a un acuerdo con los aristócratas alemanes, pero murió poco después, en

1137, dejando abierta la cuestión sucesoria al no tener sucesores varones directos.

Conrado III Hohenstaufen

En este momento histórico, Conrado III Hohenstaufen entró en escena tras ser elegido nuevo rey alemán en 1138. En los primeros años de su reinado, Conrado III tuvo que enfrentarse a rivales, como los primos de Lotario, Enrique el Orgulloso y Enrique el León, quedando zanjado el asunto hacia 1142.

Conrado III era un típico gobernante alemán. Era rudo, belicoso, ambicioso y enérgico. Se sintió sorprendido cuando oyó a los sacerdotes predicar a favor de la segunda cruzada. Tras extensos preparativos, puso rumbo a Tierra Santa en 1147, llevando consigo un gran ejército. El futuro emperador del Sacro Imperio Romano Germánico, Federico Barbarroja, siguió a su tío Conrado III en esta cruzada.

Los alemanes atravesaron Hungría, los Balcanes y el Imperio bizantino antes de llegar finalmente a Tierra Santa[i]. Aunque los alemanes se encontraron principalmente con cristianos, hay muchos testimonios de su comportamiento poco loable. Por ejemplo, se dice que las tropas alemanas robaban regularmente alimentos y otros productos a las poblaciones locales y se enzarzaban en varias pequeñas escaramuzas y peleas callejeras con vendedores

Rey Conrado III [ii]

---

[i] Roche, Jason T. "King Conrad III in the Byzantine Empire: A Foil for Native Imperial Virtue". (2015).

enfurecidos. Pronto se corrió la voz sobre el comportamiento bárbaro de los cruzados por todo el Imperio bizantino, y los negocios en los mercados entre las poblaciones locales y los cruzados se completaban a través de las gruesas murallas de las ciudades. Filipópolis, una ciudad de Tracia (la actual Bulgaria y, en aquella época, un asentamiento dentro del Imperio bizantino), fue testigo de escenas similares. El ejército alemán estaba estacionado a las afueras de la ciudad, y algunos soldados se dirigieron a una taberna, donde bebieron grandes cantidades de alcohol y se enzarzaron en una refriega con un encantador de serpientes, que creían que había intentado envenenarlos[i].

En Adrianópolis, la situación fue similar. Antes de la llegada del grupo principal de ejércitos alemanes, un noble alemán se detuvo a descansar y recuperarse en un monasterio cercano a Adrianópolis, solo para ser asesinado por ladrones o soldados que casualmente se encontraban allí. Cuando llegó el grupo principal de fuerzas alemanas, el rey Conrado ordenó a su sobrino Federico que saqueara el monasterio y encontrara a los culpables. La fuerza excesiva con la que las tropas de Federico infligieron la venganza requirió la intervención del Imperio bizantino, aunque los alemanes pronto continuaron su marcha hacia Tierra Santa.

Los alemanes se enfrentaron también a otros acontecimientos. En un momento dado, mientras acampaban en la llanura llamada Choirobacchoi, todo el ejército se vio sorprendido por una riada. Gran cantidad de soldados murieron en este incidente, y muchos más perdieron su equipo y provisiones. Los bizantinos consideraron que se trataba de una intervención divina, similar a la del ahogamiento del ejército egipcio en el mar Rojo.

Sin embargo, los alemanes siguieron marchando y pronto llegaron a Constantinopla. La población de la ciudad, incluido el emperador bizantino Manuel, desconfiaba de las intenciones de los alemanes e hizo los preparativos necesarios para un posible ataque. Se fomentó la guarnición de la ciudad y se reforzaron las famosas murallas de Constantinopla.

---

[i] Roche, Jason T. "King Conrad III in the Byzantine Empire: A Foil for Native Imperial Virtue".

Batalla de Inab, segunda cruzada[9]

Los alemanes no intentaron conquistar Constantinopla y pudieron cruzar el Bósforo en relativa paz y orden. Sin embargo, la segunda cruzada fue un fracaso general, ya que alemanes y franceses fueron derrotados por los turcos selyúcidas y no lograron capturar Damasco. La segunda cruzada terminó en 1149, con el regreso a casa de los principales protagonistas. Poco después de regresar, en 1152, Federico fue coronado rey de los germanos en Aquisgrán, poco después de la muerte del rey Conrado III. El rey Conrado había reconocido el potencial de Federico y también que su propio hijo, Conrado, era aún demasiado joven para convertirse en rey. Conrado trató de evitar algunos de los errores de reyes y emperadores anteriores. No dejó espacio para el periodo regente, en el que el poder real solía diluirse.

El joven rey Federico se vio inmediatamente en la tesitura de hacer valer su autoridad real y administrar justicia con imparcialidad. Según cuenta la historia, un caballero, acusado de algunos actos delictivos que ponían en grave peligro su reputación, se acercó a Federico durante la celebración de su coronación y comenzó a implorar al nuevo rey que lo perdonara por sus fechorías. El joven rey permaneció impasible ante la difícil situación del caballero y decidió que la justicia no debía doblegarse para adaptarse a los caprichos individuales[i]. Este es un ejemplo perfecto de la justicia real medieval, que a menudo era impartida personal y públicamente por el propio rey.

Barbarroja destacó en estos asuntos, participando a menudo en disputas entre duques, condes y príncipes, y zanjando enemistades que se prolongaban desde hacía mucho tiempo. Esto resultó decisivo para asentar su reputación y le otorgó el título de *Pater Patriae* («padre de la patria»). Barbarroja no era simplemente un poderoso líder alemán. También era un hombre bastante sabio, alguien que con gusto intentaba resolver las disputas entre los señores locales para fomentar el crecimiento del reino.

Federico Barbarroja

Uno de los primeros movimientos de Federico fue firmar el Tratado de Constanza en 1153, que fue, en cierto modo, su muestra de respeto hacia el papa. Al igual que muchos otros líderes alemanes, Federico Barbarroja juró defender los intereses del papa en Italia en caso de que alguien intentara ir en su contra, como el Imperio bizantino, que aún quería un trozo del sur de Italia.

Federico también pasó por el calvario habitual de tener que reconquistar Italia. En alas del Tratado de Constanza y de un renovado respeto por el papa, Federico marchó a Italia con su ejército en 1154, saqueando algunas ciudades, como Tortona. El objetivo de esta expedición italiana era situar finalmente a Sicilia dentro de la esfera de influencia del papa.

Como recordará, Sicilia había estado bajo el mando de los sarracenos (árabes musulmanes) que se atrevieron a cruzar a la Italia continental. En tiempos de Federico Barbarroja, los musulmanes habían sido expulsados de Sicilia, solo para ser sustituidos por normandos insubordinados, que eran ávidos aventureros e increíblemente buenos soldados. El objetivo de la primera expedición italiana de Federico era

---

[i] Weiler, B. (2009). The King as Judge: Henry II and Frederick Barbarossa as Seen by Their Contemporaries. In Challenging the Boundaries of Medieval History: The Legacy of Timothy Reuter (págs. 115-140).

expulsar a los normandos. En este sentido, la primera expedición italiana de Federico fue un fracaso porque se vio obligado a regresar a Alemania en 1155, debido a los disturbios que empezaron a desatarse allí.

Barbarroja (en el centro) con sus dos hijos [10]

La primera expedición italiana de Federico también tuvo como resultado su coronación como emperador del Sacro Imperio Romano Germánico, algo que, por supuesto, formaba parte del inevitable tira y afloja entre él y el papa. Como ya se ha mencionado, el trabajo de Federico en Italia distaba mucho de estar completo, por lo que se vio obligado a acortar su expedición militar y regresar a Italia. Los normandos seguían siendo una amenaza, por lo que el papa Adriano IV buscó negociaciones con ellos. Esto disgustó mucho a Barbarroja y tensó su relación con el papa. Además, llegó a oídos de Federico Barbarroja que en algún lugar de Roma colgaba un cuadro del emperador Lotario recibiendo la corona imperial de manos del papa. En este cuadro era obvio que el papa tenía la sartén por el mango y que Lotario simplemente recibía la sabiduría y el poder divinos del papa. Este cuadro permaneció en su lugar a pesar de las órdenes de Federico de retirarlo.

Así, el escenario estaba preparado para otra campaña italiana. En 1158, Federico estaba de nuevo en Italia con su ejército. Esto no sentó bien a las ciudades del norte de Italia, acostumbradas a ser saqueadas con cada campaña alemana en Italia. La revuelta, esta vez, llegó a su punto álgido en Milán, que pretendía imponerse en la región de Lombardía. Milán y otras ciudades de Lombardía se tomaron la justicia por su mano, ejecutando un poder que Federico creía reservado solo para él[i].

Federico se sintió obligado a castigar a Milán por tal comportamiento y comenzó por sitiar a un estrecho aliado de Milán, Crema. El asedio de Crema duró de 1159 a 1160 y terminó con excesiva violencia y el saqueo de la ciudad. Durante el largo asedio de Crema, muchos prisioneros fueron asesinados en ambos bandos en un sinfín de represalias. Federico incluso ató a algunos rehenes a su equipo de asedio para que no fueran objetivo de los defensores de Crema. Independientemente de que esta táctica funcionara o no, al final Federico irrumpió en Crema, destruyéndola por completo mientras perdonaba la vida a los ciudadanos.

---

[i] Velov, Ivana. Literary And Historical Interpretation Of Frederick Barbarossa's Conquest Of The Italian Communes: Analysis Of The Events And Personalities Described In The Novel "Baudolino", Por Umberto Eco. Дипломатија И Безбедност, 249.

A Milán le esperaba un destino similar. En primer lugar, Federico envió un emisario especial a Milán. Cogió a uno de los rehenes milaneses que tenía a su disposición y le arrancó un ojo. A continuación envió al rehén a Milán para que el pueblo supiera lo que le esperaba a la vuelta de la esquina[i]. El posterior asedio de Milán en 1161 fue especialmente amargo. Durante el invierno de 1161/62, Federico cortó todas las carreteras que conducían a Milán y prohibió a cualquiera entrar o salir de la ciudad. Finalmente, la hambrienta población cedió y se rindió. Los ciudadanos fueron sacados y la ciudad fue arrasada.

No hace falta decir que Federico Barbarroja experimentó en Italia el mismo tipo de problemas que sus predecesores. En el siglo XII, varias ciudades italianas experimentaron importantes cambios sociales, alejándose del sistema feudal. Las ciudades italianas, cultural y tecnológicamente avanzadas, ofrecían oportunidades relativamente inalcanzables para el siervo alemán medio. El comercio y la artesanía de calidad crearon bulliciosos mercados en las ciudades, y algunas personas empezaron a amasar un considerable capital. Los artesanos fabricaban productos de alta calidad, con precios dictados por las asociaciones de artesanos, que cada vez tenían más influencia, no solo en las ciudades italianas, sino en toda Europa.

Esas ciudades exigían libertad y nunca aceptarían plenamente a ninguno de los reyes alemanes que entraron en Italia. Tal vez lo habrían aceptado si hubiera sido italiano. Pero durante este periodo, los alemanes tenían la ventaja militar, por lo que los italianos estaban condenados a ser conquistados constantemente por lo que percibían como alemanes bárbaros. Y tenían razón al reconocer que los alemanes traían consigo una cultura y un sistema totalmente diferentes.

Los conflictos con Italia continuarían durante bastante tiempo. En 1176, las hostilidades cesaron temporalmente. Los italianos consiguieron infligir una derrota decisiva y repeler a Federico Barbarroja en la batalla de Legnano[ii]. Para entonces, Federico se enfrentaba a una revuelta muy organizada, que se había materializado en la forma de la Liga Lombarda, anunciada por la reconstruida Milán. Esta vez, las fuerzas de Federico eran bastante débiles y estaban dispersas por toda Italia. Las

---

[i] Ibid.
[ii] FRANKE, Daniel. *From Defeat to Victory in Northern Italy: Comparing Staufen Strategy and Operations at Legnano and Cortenuova, 1176-1237. Nuova Antologia Militare*, 2021, 2.5: 27.

expediciones italianas anteriores no habían ido bien, y los nobles eran cada vez más reacios a participar en otra expedición italiana sin sentido. A menudo estallaban epidemias en el ejército durante estas expediciones, diezmando la ya debilitada moral de las tropas. Esta fue la razón principal por la que Federico llegó con un cuerpo de hombres algo más reducido en comparación con sus anteriores hazañas.

Sus fuerzas en toda Italia intentaron lograr la subordinación a su dominio. En 1176, Barbarroja esperaba la llegada de sus refuerzos, dirigidos por Felipe de Colonia. Barbarroja estaba estacionado en Pavía (cerca de Milán) y se dirigía hacia el norte, a Como, para encontrarse con los refuerzos que llegaban. Se trataba de un movimiento arriesgado, ya que todas estas maniobras estaban muy dentro del alcance de las fuerzas estacionadas en Milán y sus alrededores. Es probable que, junto con sus refuerzos, Barbarroja dispusiera de unos tres mil hombres. Sus fuerzas estaban compuestas casi exclusivamente por unidades de caballería.

Barbarroja partió de Pavía con unos mil soldados de caballería, dejando un pequeño regimiento en la propia Pavía. Se dirigió hacia el norte para encontrarse con Felipe de Colonia en Como. Los italianos podrían haber contado con hasta quince mil hombres, en su mayoría infantería. Tras unirse a los refuerzos, Barbarroja se dirigió de nuevo a Pavía. Su camino fue bloqueado por una gran fuerza de la Liga Lombarda. Las fuerzas imperiales fueron arrastradas por la caballería lombarda a la batalla, y el grueso de las fuerzas de Barbarroja fue rodeado poco a poco por el ejército lombardo, mucho más numeroso. Se produjo una carnicería y Barbarroja apenas consiguió regresar a Pavía. Se dice que la emperatriz Beatriz ya había empezado a llorarlo cuando Barbarroja llegó a Pavía.

La derrota de Legnano prácticamente expulsó a Barbarroja de Italia, aunque contó con algunos focos de apoyo. Se vio obligado a aceptar la Paz de Venecia en 1177, así como la Paz de Constanza en 1183, ambas favorables a la Liga Lombarda. Los germanos habían perdido la ventaja en Italia, pero tenían libertad para centrarse en otras conquistas. La tercera cruzada, la segunda de Federico, resultaría ser su última empresa militar.

Políticas de Barbarroja

A diferencia de algunos de sus predecesores, es decir, los otonianos y los salios, Federico Barbarroja se llevaba mucho mejor con la nobleza, o al menos sabía cómo manejar a los nobles para que no cuestionaran su poder de forma violenta[i]. Fue, como se ha mencionado, un juez justo a la hora de resolver disputas, por ejemplo, entre Enrique el León y Enrique Jasomirgott, muy al principio de su carrera. Otra medida temprana importante fue la destrucción de los castillos de los nobles que se atrevieron a intentar sacar provecho de la ausencia de Barbarroja en 1154 y 1155.

La economía también experimentó algunas mejoras durante el reinado de Federico Barbarroja. Antes de su reinado, solo había unas veinticinco cecas en toda Alemania. Tras su muerte, Barbarroja dejó un total de 215 casas de la moneda en Alemania[ii]. Era un hábil hombre de negocios y un gran negociador. En un momento dado, el pueblo de Colonia entró en disputa con el arzobispo de Colonia. Los habitantes de Colonia querían efectuar algunos cambios en los espacios públicos, pero encontraron un poderoso oponente en la figura de Philip von Heinsberg. El emperador tuvo que intervenir y resolver la disputa. Barbarroja decidió que el pueblo tenía razón al querer cambiar su espacio público, pero debía pagar cierta suma a la iglesia local. A su vez, la iglesia no podía limitarse a gastar ese dinero; estaba obligada a invertirlo en algunos negocios lucrativos con altas tasas de rentabilidad.

Barbarroja no era ajeno a las deudas y a veces incluso empeñaba propiedades reales para poder obtener dinero lo antes posible. Sin embargo, también se le daba muy bien obtener dinero. Por ejemplo, insistió en gravar las iglesias imperiales y reclamó las propiedades de los clérigos muertos. Esto dio lugar a algunas escenas divertidas; en lugar de dejar que su dinero fuera automáticamente a Barbarroja tras su muerte, algunos clérigos prefirieron regalarlo. Las aduanas y los peajes fueron otra importante fuente de ingresos para la administración de Barbarroja.

Ocasionalmente, se empleaban otras formas menos loables de obtener dinero. Los judíos de Alemania fueron acusados de muchos delitos por los que fueron multados. Curiosamente, Barbarroja multó a otro caballero, Felipe, arzobispo de Colonia, por extorsionar a los

---

[i] Friederich A. Warlord or Financial Strategist: Frederick Barbarossa. Johns Hopkins University. 2022 Nov 10;3(1).
[ii] Ibid.

judíos. Barbarroja reconoció el poder de las multas. Había fuertes multas por no presentarse a los concilios que organizaba, y las multas eran especialmente elevadas para la nobleza.

Barbarroja también vendía a veces su derecho exclusivo a gobernar ciertas zonas, la llamada *regalia* (insignias reales). La insignia incluía cosas como el derecho a recaudar diferentes tipos de impuestos, como peajes de mercado, peajes de carreta, impuestos de forraje, peajes de puerta y peajes de tránsito. La insignia también incluía el derecho a controlar molinos, puentes y pesquerías. Por último, los que estaban dispuestos a pagar un buen dinero a Barbarroja por su insignia podían recaudar el impuesto anual estándar sobre la propiedad, así como un interesante y un poco aterrador «impuesto sobre las personas»[i].

Dependiendo de la situación política y de la necesidad de dinero, Barbarroja aceptaba a veces grandes pagos en lugar de asediar y ocupar una ciudad. Esto fue especialmente frecuente en el rico norte de Italia, donde Génova y Pisa pagaron un buen dinero a Barbarroja, quien, a cambio, tuvo que concederles la propiedad de Cerdeña.

Las numerosas conquistas y victorias militares de Barbarroja solo pueden entenderse observando su cuidadosa gestión del dinero y su gran sentido de los negocios.

La tercera cruzada, la muerte de Barbarroja y el declive de la dinastía Hohenstaufen

Los musulmanes consiguieron apoderarse de Jerusalén en 1187, enviando ondas de choque a toda Europa. La segunda cruzada, como hemos visto, ha dejado muchas preguntas sin respuesta. Los árabes no fueron derrotados en modo alguno, y las regiones cristianas de Oriente Próximo estaban condenadas a ser lentamente trituradas por los árabes. Uno de los mayores éxitos de los cruzados, a saber, la toma de Jerusalén, fue anulado por el sultán Saladino y sus fuerzas. Tres líderes europeos —Ricardo I Corazón de León, Felipe II de Francia y Federico Barbarroja— acordaron embarcarse en la tercera cruzada. Ricardo Corazón de León y Felipe II prefirieron la vía naval, mientras que Barbarroja tomó la vía terrestre, la cual, finalmente, le costó la vida.

---

[i] Ibid.

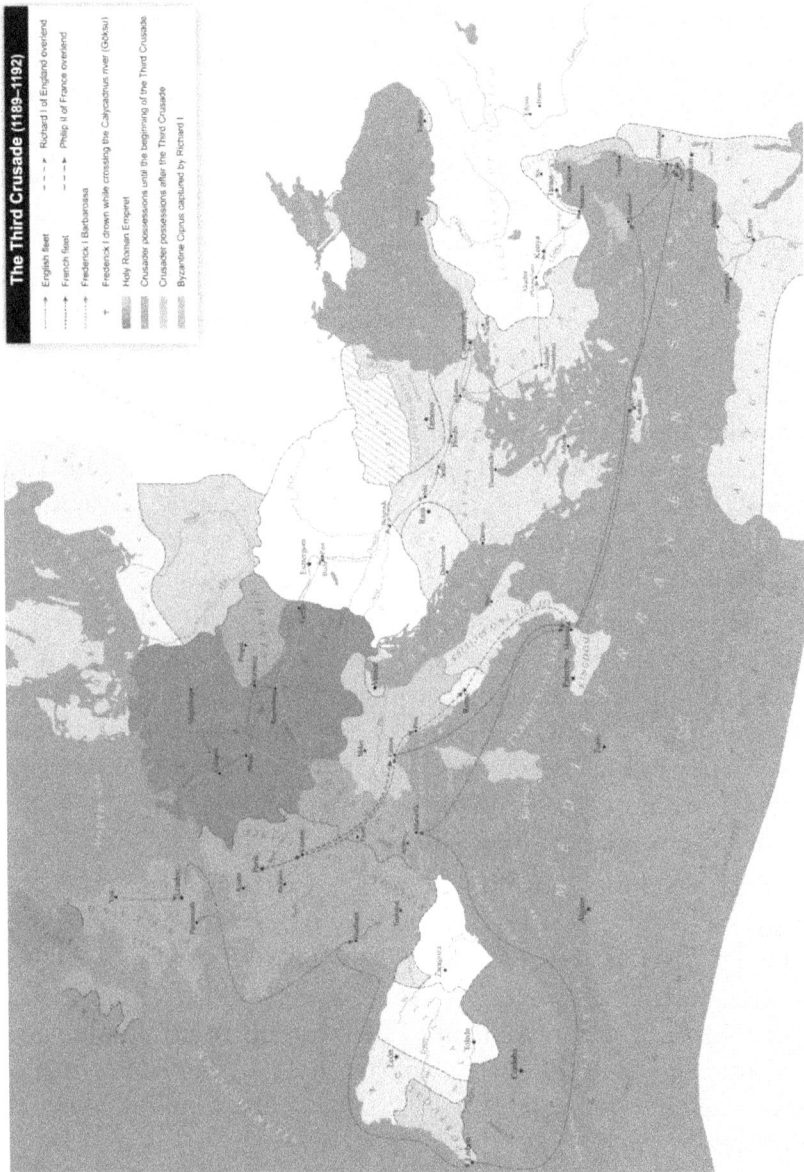

Sacro Imperio Romano Germánico a finales del reinado de Barbarroja, así como el camino de Barbarroja hacia Tierra Santa [11]

Es interesante que ya en el siglo XII existiera una especie de separación entre Inglaterra, Francia y el Sacro Imperio Romano Germánico con respecto a sus acciones navales. Concretamente, Inglaterra y Francia empezaban a utilizar cada vez más el mar en su beneficio, mientras que los germanos preferían quedarse en tierra. Esta separación se mantuvo en los siglos venideros, y los alemanes nunca se convirtieron realmente en una «nación naval» como los franceses y, sobre todo, los ingleses.

Barbarroja tuvo que garantizar primero el paso seguro de su ejército a través de Hungría y el Imperio bizantino. El rey Bela III de Hungría le concedió el paso seguro, al igual que el emperador bizantino Isaac II Ángelo. El dinero siempre fue una fuente de preocupación para Barbarroja, y esto fue ciertamente cierto en el caso de la tercera cruzada. Sus soldados se vieron obligados a ayudarse a sí mismos a lo largo del camino, y Barbarroja incluso consiguió llegar a un acuerdo con Isaac II, el cual permitió a las fuerzas de Barbarroja recoger las frutas y verduras que encontraran en el Imperio bizantino. Sin embargo, este trato no fue muy bien acogido por las poblaciones que se encontraron directamente con los alemanes, por lo que estallaron diferentes escaramuzas y refriegas a lo largo del camino.

A veces, los lugareños intentaban aprovecharse de los cruzados ofreciendo tipos de cambio criminalmente malos. El cambio de divisas en aquella época era todavía algo novedoso y resultaba muy difícil conseguir un tipo de cambio fijo y justo. Así pues, el tipo de cambio se dejaba al azar y a los caprichos de los lugareños, que a veces se aprovechaban del hecho de que los cruzados a menudo no tenían más remedio que comprar sus productos. Esto complicó aún más la ya tensa relación entre germanos y bizantinos.

Además, los bizantinos no veían con buenos ojos la presencia militar alemana en los Balcanes. Los serbios y los búlgaros ya tenían sus propios estados en los Balcanes e intentaban ampliar su esfera de influencia. Barbarroja estaba en contacto con el *župan* (líder supremo o gran príncipe) serbio Esteban Nemanja. El ejército de Barbarroja fue acogido calurosamente por Esteban Nemanja. Los alemanes recibieron alimentos, como grano, ganado y vino. Los nobles fueron colmados de lujosos regalos[i].

---

[i] Frederick I. The Crusade of Frederick Barbarossa: The History of the Expedition of the Emperor Frederick and Related Texts. Ashgate Publishing, Ltd.; 2010.
Este manuscrito es una colección de obras escritas inmediatamente después de la tercera cruzada y de copias posteriores de estas primeras obras. Su autoría es una cuestión bastante complicada, especialmente debido al hecho de que solo se conservan partes de los primeros textos; para el resto, tenemos que basarnos en copias muy posteriores de obras tempranas.

Tras pasar por Bulgaria y una larga estancia en Filipópolis, los alemanes llegaron a la región de Constantinopla. Tras muchas idas y venidas y mucho drama, el emperador bizantino accedió a transportar a los germanos desde Europa hasta Asia Menor (la actual Turquía occidental). Mientras viajaban hacia el este, los germanos se encontraron con varias escenas desagradables. Además de las diferencias culturales, también había diferencias religiosas, todo lo cual dio lugar a animosidades entre los alemanes y sus poco acogedores anfitriones[i].

Una vez en la zona en poder de los musulmanes, los alemanes se encontraron con los turcos selyúcidas, uno de los muchos grupos étnicos que vagaban por las regiones de Oriente Próximo y aliados de los árabes, que se estaban imponiendo en Oriente Próximo. Los turcos hostigaron ocasionalmente al ejército alemán, tendiéndole emboscadas y escaramuzas, aunque los alemanes esperaban un recibimiento pacífico, ya que los turcos habían accedido previamente a dejar pasar a los alemanes por sus tierras.

Los alemanes estaban exhaustos, tras haber atravesado una región bastante árida y con pocos alimentos. El 30 de abril de 1190, los alemanes abandonaron su campamento y los turcos lo capturaron rápidamente con la esperanza de hacerse con un buen botín. Sin embargo, los alemanes dieron media vuelta y aplastaron a los desprevenidos turcos. Dos días después, hubo otra batalla entre alemanes y turcos. Esta vez, los duques de Suabia y Merania, así como los condes de Kyburg y Oettingen, se distinguieron por mostrar un valor admirable en el campo de batalla. Se dice que el conde de Kyburg mató a diecisiete hombres, una hazaña digna del Aquiles de Homero.

Los bohemios también demostraron ser dignos soldados de Cristo. Escasos de provisiones, los bohemios tuvieron que salir del campamento y forrajear. Los turcos esperaban diligentemente a que pequeños grupos de alemanes salieran del campamento en busca de comida. Así que seis nobles bohemios se pusieron sus armaduras y luego algunas ropas de sirvientes. Desde lejos, podían parecer sirvientes bastante corpulentos. En cualquier caso, engañaron a los turcos, que se apresuraron a atacarlos. Los bohemios desenvainaron rápidamente sus armas ocultas y acuchillaron a los seis turcos oportunistas[ii].

---

[i] La diferencia cultural entre griegos y alemanes se mueve en la misma línea que la diferencia entre italianos y alemanes.

[ii] Frederick I. The Crusade of Frederick Barbarossa: The History of the Expedition of

El 3 de mayo, los alemanes se enfrentaron a una situación difícil. Un prisionero turco fue coaccionado para que ayudara a los alemanes a elegir la mejor opción. O continuaban su paso por el desierto o daban un rodeo por una región montañosa pero más favorable. Los alemanes iniciaron su escalada en las montañas de Pisidia (los montes Tauro). Los turcos conocían mejor el terreno y se colocaban estratégicamente por encima de los alemanes, bombardeándolos con piedras y flechas. Las pesadas armaduras alemanas resultaron útiles aquí, aunque muchos resultaron heridos. Incluso el duque de Suabia fue herido por una piedra y un caballero llamado Werner resultó muerto[i]. No obstante, los alemanes consiguieron escalar hasta los turcos y eliminarlos.

Las dificultades que encontraron los alemanes en su camino demuestran cuán peligrosas y arriesgadas fueron las cruzadas. Ni siquiera habían llegado aún a Tierra Santa; de hecho, les quedaba un largo camino por recorrer, pero ya habían participado en numerosas pequeñas batallas y sus fuerzas iban siendo poco a poco reducidas. Pocos días después de los acontecimientos en las montañas de Pisidia, el 6 de mayo de 1190, otro distinguido caballero, Federico de Hausen, murió, no en batalla, sino tras caerse de un caballo.

Representación temprana de Barbarroja durante la tercera cruzada [12]

Aproximadamente un mes después de este acontecimiento, el 10 de junio, otra tragedia golpeó al ejército alemán. Barbarroja marchaba con su ejército por la región de Seleucia (actual sur de Turquía). Una parte importante del ejército tomó un paso de montaña para encontrar un

the Emperor Frederick and Related Texts. Ashgate Publishing, Ltd.; 2010. Pág. 102
[i] Ibid. p. 102.

paso seguro a través del río Saleph. Barbarroja, cansado de las interminables montañas turcas y agotado por el calor, decidió cruzar a nado el Saleph a pesar de las advertencias de su séquito de que el río tenía un caudal muy fuerte. También hay que mencionar que Barbarroja tenía entonces unos sesenta y siete años. Entró en el río y pronto se ahogó, aunque los eruditos no saben cómo ocurrió exactamente.

El duque de Suabia, hijo del propio Barbarroja, se convirtió inmediatamente en el jefe del ejército alemán. Aunque seriamente sacudidos por la muerte de su emperador, los alemanes marcharon hacia Tierra Santa. Al final, esta cruzada conoció algunos éxitos, ya que las fuerzas de Saladino fueron empujadas en varios frentes. Sin embargo, Jerusalén permaneció en manos de Saladino. Los ejércitos europeos regresaron finalmente a casa en 1192.

Barbarroja fue sucedido por su segundo hijo mayor, Enrique VI, que formalmente fue rey de Alemania durante algún tiempo antes de la muerte de su padre. Enrique tuvo cuidado de negociar primero la paz con los italianos, que se mostraron lo bastante contentos como para coronarlo emperador del Sacro Imperio Romano Germánico en 1191. Enrique tenía fama de ser un hombre muy culto, mucho más que su padre, pero no era menos cruel ni belicoso. Siguió entorpeciendo las relaciones con el Imperio bizantino y consiguió extorsionar a su emperador, amenazándolo con invadir su territorio a menos que Alemania recibiera un cuantioso pago.

Enrique VI murió en 1197, a una edad bastante temprana mientras se preparaba para la siguiente cruzada. A pesar de intentarlo con todas sus fuerzas, Enrique VI nunca consiguió legitimar la monarquía hereditaria. Así que, tras su muerte, se produjo otro periodo de interregno, que en última instancia puso fin al breve reinado de la dinastía Hohenstaufen.

Capítulo 6: El período del Gran interregno

El enigma irresoluble de la sucesión ha provocado períodos de desorganización y luchas por la supremacía en muchos casos a lo largo de la historia. Este mismo escenario, combinado con las prevaricaciones del clero romano, dio lugar a un período de inestabilidad y conflicto en el Sacro Imperio Romano Germánico en el siglo XIII. El inicio del declive de la dinastía Hohenstaufen comenzó a hacerse evidente con la muerte del emperador Enrique VI en 1197. Antes de fallecer, Enrique designó a su hijo Federico como heredero del reino de Sicilia y le legó también el trono imperial. Federico II solo tenía tres años en el momento de la muerte de su padre, y el hecho de que un heredero tan joven estuviera a punto de ascender al trono envalentonó a los aristócratas hostiles a la dinastía Hohenstaufen.

Uno de los papas más influyentes de la Edad Media, Inocencio III, se vio envuelto en estos acontecimientos políticos en cuanto ascendió al trono papal en 1198. El difunto emperador Enrique entró en posesión de vastos territorios en Sicilia que el papa consideraba suyos. El papa Inocencio tomó al joven Federico bajo su protección y apoyó su reivindicación del reino de Sicilia, con la esperanza de que el joven devolviera estos territorios a la iglesia.

En medio del alboroto en Alemania que siguió a la muerte del emperador Enrique, el hermano de este, Felipe de Suabia, emitió una carta en la que declaraba que actuaría en nombre del recién nombrado rey Federico para sofocar el inminente conflicto[i]. Mientras tanto, los nobles renuentes aprovecharon la oportunidad para elegir a Otón IV, conocido por los historiadores como un antirrey. Otón era hijo de un antiguo duque sajón y bávaro, y era sobrino de Ricardo Corazón de León. Por lo tanto, gozaba del apoyo de Juan, el rey en ejercicio de Inglaterra. Felipe, por su parte, contaba con el apoyo de Felipe II de Francia, lo que agravó aún más el inminente conflicto entre Francia e Inglaterra. La división del Sacro Imperio Romano Germánico, creada por la aparición de los dos candidatos, desencadenó una guerra civil que duraría una década.

El papa Inocencio ejerció una amplia influencia, reclamando la supremacía sobre todos los reyes de Europa. Organizó la cuarta cruzada en 1202, que tuvo como resultado el saqueo de Constantinopla. Desempeñó un papel importante en la disputa entre los dos reyes. En un principio simpatizaba con Otón IV, pero el antirrey alemán no estaba tan entusiasmado con una alianza con el papa. Sin mucho entusiasmo, Inocencio III buscó una alianza con el rival de Otón, Felipe. Parecía que esta alianza pondría fin al conflicto, pero el asesinato de Felipe en 1208 en Bamberg acabó con la guerra[ii]. Las circunstancias de la muerte de Felipe dieron lugar a controversias y a diversas teorías. Algunos creen que Otón de Wittelsbach, quien lo asesinó, actuó en nombre de los partidarios de Otón IV. Es importante señalar que no existe acuerdo entre los expertos respecto a estas afirmaciones.

Tras la muerte de Felipe, Otón estaba decidido a destruir Italia en caso de no recibir la corona imperial. Como seguía siendo el único candidato, el papa Inocencio III no tuvo más remedio que coronarlo un año después. Mientras todo esto ocurría, Federico II alcanzó la madurez y comenzó a extender su influencia en Sicilia. Dado que el papa no podía confiar en una alianza con Otón, contra el que había luchado hacía poco, el joven Federico era la única opción viable para intentar conseguir sus intereses[iii]. El propio Otón se sentía más seguro en el trono y no sentía la necesidad de ceder a las súplicas del papa. En la batalla de Bouvines en 1214, Otón se enfrentó a una gran derrota contra una

---

[i] Bryce, James, *The Holy Roman Empire*, MacMillan and Company, 1866. 232.
[ii] Painter, Sidney, *A History of the Middle Ages 284-1500*, The MacMillan Press LTD, 1973. 326.
[iii] Holmes, George, *The Oxford History of Medieval Europe*, Oxford University Press, 1988. 225.

coalición de fuerzas de Francia, Flandes y partes del Sacro Imperio Romano Germánico. La influencia y la posición de Otón se debilitaron tras esta batalla, y finalmente fue depuesto en 1215. Se retiró a sus tierras heredadas de Brunswick, donde murió en 1218. El trono quedó para que Federico lo reclamara, y finalmente fue coronado emperador[i]. Sin embargo, el plan del papa Inocencio de reunificar Sicilia con el resto de los Estados Pontificios no salió como esperaba. Al apoyar a un pretendiente Hohenstaufen, consiguió lo contrario: Sicilia se unió al resto del Sacro Imperio Romano Germánico, cimentando aún más la autoridad de los Hohenstaufen en la ciudad y las tierras circundantes.

Federico permaneció en Alemania unos cinco años, pero solo para organizar el reino de modo que solo tuviera que intervenir lo menos posible en los asuntos internos. En dos ocasiones, en 1220 y 1232, concedió a obispos y nobles algunos derechos consuetudinarios y les otorgó soberanía legal en sus propios territorios. A los príncipes, duques y condes les concedió casi todo lo que pedían. Incluso llegó a encarcelar a su propio hijo por intentar establecer un gobierno más estricto resistiéndose a las exigencias de los nobles[ii].

Federico podría haberse convertido en uno de los gobernantes más capaces de su época, lo que demostró consolidando su poder e influencia en Sicilia. Sin embargo, no parecía tener el entusiasmo necesario para extenderlo al resto del imperio, sentando así las bases para el ascenso de los gobernantes locales. Pasó el resto de su reinado viajando y no se preocupó demasiado de los asuntos internos del imperio. Su jurisdicción se limitaba a las ciudades que dependían directamente de la corona imperial.

Escudo de Hohenstaufen [13]

Federico prometió al papa su participación en la quinta cruzada (1217-1221) y juró ayudar a Andrés II de Hungría y a Leopoldo VI de Austria en su empresa. A cambio de esta promesa, esperaba que se le

---

[i] Painter, Sidney, *A History of the Middle Ages 284-1500*, The MacMillan Press LTD, 1973. 326.
[ii] Ibid. 327.

concedieran derechos imperiales sobre ciertas ciudades de Italia. Estos intentos imperialistas condujeron a la renovación de la Liga Lombarda[i].

Member cities of the Lombard Leagues

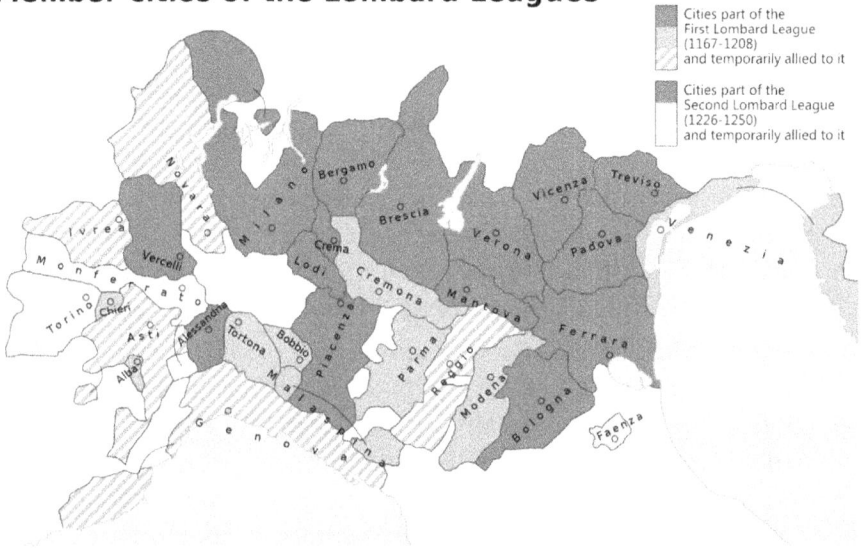

Mapa de las ciudades miembros de la Liga Lombarda [14]

Federico retiró sus pretensiones al darse cuenta del poder de la Liga Lombarda. Debido a su herencia mixta (tenía raíces normandas y flamencas) y a sus frecuentes viajes, Federico se consideraba un cosmopolita. Sus lazos con la comunidad musulmana, a la que acogió en Roma, no fueron bien recibidos por el clero. Federico intentó imponer su visión del mundo en Sicilia y otras partes de Italia y del Sacro Imperio Romano Germánico. Estas tendencias contrastaban directamente con la Iglesia, lo que provocó una relación bastante desagradable entre el emperador y los papas, sobre todo con el papa Gregorio IX. Aunque Federico acabó cumpliendo su promesa y lanzó lo que él consideraba una cruzada exitosa (1228-1229), el papa Gregorio IX no estaba satisfecho con las ideas de Federico y su desinterés por los asuntos de la iglesia. Federico sentó un precedente, al haber logrado una cruzada exitosa sin la participación del papa[ii]. El papa Gregorio IX excomulgó al

---

[i] La Liga Lombarda era una alianza entre el papa en funciones y ciertos nobles contra el emperador, que demostró su eficacia en el conflicto contra el abuelo de Federico Barbarroja unas décadas antes.

[ii] Los resultados de la sexta cruzada no son universalmente aclamados, aunque Federico proclamó su éxito a Enrique III de Inglaterra.

emperador desfavorable, y esta rivalidad se extendió a los sucesores de ambos.

Tras un reinado largo y lleno de acontecimientos, la muerte de Federico en 1250 marcó el fin del reinado de la dinastía Hohenstaufen. Después de su muerte, los partidarios de Federico reconocieron al hijo del difunto soberano, Conrado IV, como heredero legítimo al trono alemán, pero otros electores no dieron su aquiescencia. Debido a la excomunión de Federico, que se extendió a su sucesor, el poder en el Sacro Imperio Romano Germánico pasó a reyes rivales de Alemania que apoyaban al papa. El primero en ser respaldado por el papa Inocencio IV fue Enrique Raspe, que murió pocos meses después de su elección, dejando a Guillermo, conde de Holanda, como sucesor.

A pesar de los intentos de Conrado por reconciliarse con el papa, no se llegó a ningún acuerdo y Conrado fue excomulgado. Trató de afirmar su control sobre el reino de Sicilia, planeando en última instancia desarrollar su influencia desde allí, como hizo su padre antes que él. El reinado de cuatro años de Conrado llegó a su fin con su muerte durante una campaña militar en Italia. El hijo ilegítimo de Federico II, Manfred, y el hijo de Conrado, Conradin, sustituyeron al difunto rey y continuaron la lucha con el papado, aunque no tuvieron éxito. Manfred y el papa Urbano IV negociaron durante más de dos años. El papa ofreció a Manfred el reconocimiento de su reino a cambio de su apoyo para recuperar Constantinopla.

En 1263, el papa Urbano IV promulgó una norma oficial que establecía que el derecho a elegir rey, aunque era una costumbre milenaria entre los alemanes, pertenecía ahora oficialmente a los siete electores. Los tres arzobispos de Mentz, Tréveris y Colonia, pastores de las diócesis más antiguas y ricas de Alemania, representaban a la Iglesia alemana y, durante siglos, habían desempeñado un papel destacado en las elecciones. Los otros cuatro electores eran los duques de Franconia, Suabia, Sajonia y Baviera[i].

---

[i] Bryce, James, *The Holy Roman Empire,* MacMillan and Company, 1866. 241.

Siete príncipes electores, crónica ilustrada de Balduineum [15]

El sucesor del papa Urbano IV, el papa Clemente IV, dio continuidad a las negociaciones con Manfred cuando este se convirtió en rey de Sicilia, donde aún permanecía la mayor parte de la influencia de los Hohenstaufen. Insatisfecho con el liderazgo de Manfred en Sicilia, el papa Clemente IV buscó ayuda fuera de Alemania e Italia. Primero, intentó obtener el apoyo del rey Enrique III de Inglaterra. El papa ofreció el trono siciliano al hijo de Enrique, Edmundo de Lancaster, pero algunos nobles ingleses se opusieron abiertamente a esta oferta. La expedición planeada por el rey Enrique a Sicilia se vio frustrada por los barones rebeldes y obligó al papa Clemente a buscar alternativas. Buscó ayuda en el rey Luis IX de Francia, concretamente en su hermano, Carlos I, conde de Anjou y Provenza. Carlos demostró ser un líder competente; derrotó al ejército de Manfred en la batalla de Benevento en 1266. El propio Manfred se negó a huir y murió en el campo de batalla. Carlos tomó el control de Sicilia, donde fue coronado rey por el papa[i].

Para entonces, el dominio imperial había decaído en gran medida. El Sacro Imperio Romano Germánico se parecía más a una red entretejida de pequeños territorios gobernados por reyes, príncipes, duques, condes

---

[i] Painter, Sidney, *A History of the Middle Ages 284-1500*, The MacMillan Press LTD, 1973. 329.

y otros nobles. Todos ellos intentaban dominar ciertas zonas, aumentar su esfera de influencia y hacer la vida más difícil a sus rivales.

Mientras el reino normando de Sicilia se independizaba de nuevo y quedaba sometido a la casa de Anjou, el papa fomentaba su control dentro de los Estados Pontificios. Aparte de los Estados Pontificios, el resto de Italia carecía de un liderazgo centralizado y existían constantes conflictos entre los nobles y líderes locales. Borgoña y las provincias circundantes quedaron bajo la abrumadora influencia de Francia.

Los mayores disturbios en el Sacro Imperio Romano Germánico se concentraron principalmente en Alemania. El primero en ser elegido como antirrey en Alemania tras la caída de los Hohenstaufen fue Guillermo de Holanda, quien fue coronado en Aquisgrán, aunque se enfrentó a la oposición del partido suabo. El conde palatino del Rin fue excluido de participar en la elección por estar condenado a la excomunión como partidario de Conrado IV. Algunos de los restantes partidarios de Hohenstaufen afirmaron que Guillermo carecía de valor y de cualidades caballerescas. A pesar de ello, Guillermo consiguió disfrutar de un reinado indiscutible de 1254 a 1256[i].

Los electores acabaron por considerarlo incapaz y surgió un nuevo candidato extranjero. En una especie de doble elección, el hijo del rey inglés Juan, Ricardo de Cornualles, se convirtió en rey de los romanos en 1257, al recibir cuatro de los siete votos de los electores. Ricardo fue visto como un candidato de compromiso, ya que se lo consideraba lo suficientemente capaz como para conciliar las divisiones internas del imperio. Pronto, los electores descubrieron que Ricardo había ofrecido un soborno desigual a algunos de ellos antes de la elección. Entonces, su lealtad se desplazó hacia Alfonso X de Castilla, que reclamaba la sucesión de la dinastía Hohenstaufen a través de su madre, una de las hijas de Felipe de Suabia[ii].

Ricardo tuvo que regresar a Inglaterra debido al deterioro de las relaciones entre su hermano, el rey Enrique II, y los barones ingleses. El rey Enrique intentó reformar los sistemas legal y judicial y exigió un aumento de los impuestos, lo que constituyó la principal fuente de descontento entre los barones. Durante su ausencia, los partidarios de Ricardo consiguieron expulsar de Italia a Conradino, nieto de Federico

---

[i] Wilson, Peter H. *Heart of Europe: A History of the Holy Roman Empire.* Harvard University Press, 2016. 548.
[ii] Bryce, James, *The Holy Roman Empire*, MacMillan and Company, 1866, 214.

II y último verdadero Hohenstaufen. Conradino fue capturado por Carlos, que era rey de Italia, en la batalla de Tagliacozzo en 1268. La batalla que tuvo lugar fue la última muestra de poder de la familia Hohenstaufen. Conradino permaneció cautivo durante tres meses en Nápoles hasta que Carlos decretó su destino: la decapitación.

Aunque hay informes que afirman que el papa desaprobó el trato atroz que Conradino cometió durante su encarcelamiento, también hay declaraciones que sugieren que el papa Clemente IV podría haber dado su aprobación o incluso sugerido la ejecución de Conradino en 1268[i]. Los jueces no estuvieron de acuerdo con la sentencia, pero al estar respaldado por el papa, Carlos se sometió a la decapitación pública en el mercado de la plaza mayor de Nápoles. Tras la muerte de Conradino, la situación en Alemania cambió de tal manera que resultó más favorable para el regreso de Ricardo. Gobernó durante poco tiempo antes de verse obligado a regresar a Inglaterra, donde murió en 1272.

La muerte de Conradino como último pretendiente Hohenstaufen aseguró el objetivo principal del papa de mantener su dominio sobre Sicilia y Nápoles, manteniéndolas separadas del Sacro Imperio Romano Germánico[ii]. En resumen, los papas, ayudados por los electores, triunfaron sobre los emperadores del Sacro Imperio Romano Germánico, y el imperio perdió su poder[iii].

Las condiciones en Alemania durante esa época eran extremadamente pobres y desagradables. La nobleza alemana nombraba constantemente a dos representantes opuestos sin poder real para ninguna de las partes. Los conflictos y las luchas de poder entre estos candidatos y sus partidarios contribuyeron a la inestabilidad de la época. Este fue el punto álgido de la desorganización y el caos en Alemania durante el Gran interregno (llamado así para distinguirlo del periodo más corto entre 924 y 962). Duques y barones descontentos y sedientos de poder intentaron expandir sus dominios mediante guerras. Los ladrones pululaban por ríos y caminos, y la violencia estaba a la orden del día en todo el imperio. La sociedad alemana tendía a volver a esta «condición natural de la humanidad» caracterizada por la guerra crónica,

[i] Bryce, James, *The Holy Roman Empire*, MacMillan and Company, 1866. 212.
[ii] Wilson, Peter H. *Heart of Europe: A History of the Holy Roman Empire.* Harvard University Press, 2016. 144.
[iii] Painter, Sidney, *A History of the Middle Ages 284-1500,* The MacMillan Press LTD, 1973. 331.

utilizando la expresión mucho más tardía de Thomas Hobbes. Los intercambios y el comercio se vieron perturbados, y la falta de un entorno político estable dificultó el establecimiento de políticas económicas coherentes. Ocasionalmente, algunas ciudades se beneficiaron económicamente de este arreglo, pero la falta de derecho público, de tribunales de justicia y, lo más importante, de un emperador, significaba que el imperio se dirigía hacia una catástrofe masiva.

Estos tiempos turbulentos también fueron testigos de otro interregno «menor». La iglesia no fue inmune a las constantes disputas entre los nobles, y los conflictos se trasladaron al clero. Tras la muerte del papa Clemente IV, se produjeron conflictos internos entre los cardenales y obispos más notables. El gobierno temporal de la Iglesia católica fue asumido colectivamente por el Colegio de Cardenales. Este órgano se dividió a partes iguales entre representantes franceses e italianos, lo que llevó a un punto muerto entre cardenales rivales. No hubo papa durante casi tres años, entre 1268 y 1271. Esta fue la *sede vacante* más larga de la historia[i]. La prolongada duración del cónclave provocó incluso la muerte de varios cardenales. Esto complicó aún más la situación, ya que el número de electores había disminuido. En agosto de 1271, los cardenales nombraron un comité formado por tres representantes de cada bando para negociar un acuerdo. Sin embargo, el comité fue incapaz de llegar a un acuerdo. Como resultado, uno de los cardenales sugirió buscar una solución fuera de sus filas. Los cardenales electores finalmente se pusieron de acuerdo sobre Teobaldo Visconti, archidiácono de Lieja, que tenía vínculos con Francia.

Aunque la decisión fue ratificada por todos los cardenales, fue más bien una victoria para la facción francesa. La iglesia estaba experimentando un gran desorden, y esto animó a Teobaldo, ahora conocido como el papa Gregorio X, a actuar con rapidez para intentar solucionar el problema. Aunque él mismo podría haberse beneficiado del estado desordenado en el que se encontraba el Sacro Imperio Romano Germánico, la desorganización le pareció en general poco constructiva y se dio cuenta de la amenaza que este caos suponía. Dio instrucciones a sus subordinados y amenazó a los príncipes electores para que eligieran a un emperador; de lo contrario, tendría que hacerlo él mismo. El papa Gregorio X también promulgó el decreto papal *Ubi*

---

[i] En latín «con la silla [estando] vacante», *sede vacante* es un término que designa el estado sin un papa en funciones tras su muerte o renuncia.

periculum durante el Segundo Concilio de Lyon en 1274, en el que se establecían normas para la elección papal, incluidas medidas para agilizar el proceso de elección[i].

Con el creciente poder del rey Otakar II de Bohemia y bajo la amenaza del papa Gregorio X, los electores se dieron cuenta de que el caótico estado de cosas no podía durar mucho más. El rey Otakar II era pariente de Felipe de Suabia y, por tanto, suponía una amenaza con su pretensión al trono imperial a través de sus raíces Hohenstaufen. Sus intenciones de ampliar su jurisdicción a las tierras de Babenberg (las fronteras orientales del imperio) alarmaron a los príncipes electores. No tardaron en entrar en acción y nombraron a Rodolfo, conde de Habsburgo, nuevo rey de los romanos, poniendo fin a un periodo de inquietud que había durado veinte años.

La familia de Rodolfo ganó prominencia en la región alpina, donde demostró sus habilidades militares y diplomáticas. Su reputación contribuyó a su atractivo como candidato al trono. Los territorios disputados en Austria se convirtieron en un foco de tensión entre Otakar y Rodolfo. El conflicto culminó en la batalla de Marchfeld en 1278, en la que Otakar sufrió una derrota decisiva que le causó la muerte.

Rodolfo no hizo mucho por mejorar el poder de la corona alemana, aunque allanó el camino para una nueva gran dinastía al casar a

Tres hombres de pie ante la tumba de un emperador; esta representación del Interregno se encuentra en el *Chronicon pontificum et imperatorum*, escrito por el obispo Martín de Opava[16]

---

[i] El título del decreto está tomado de las palabras iniciales del texto, como es tradicional en este tipo de documentos. *Ubi periculum maius intenditur* puede traducirse como «donde reside el mayor peligro».

su hijo con la heredera de Austria. Comenzó su reinado recuperando las tierras de los Hohenstaufen que se habían perdido durante las turbulentas décadas anteriores. En el transcurso de su reinado, consiguió recuperar la mayoría de los estados Hohenstaufen. Su política encontró cierta oposición en 1274, cuando una Dieta de Núremberg decretó que el conde palatino del Rin sería el juez en los casos de enemistad de sangre, diluyendo en cierto modo el poder de Rodolfo.

Una de las principales consecuencias de la crisis del Gran interregno fue el establecimiento oficial de los príncipes electores como entidad jurídica que elegía al siguiente soberano. El número total de ciudades se multiplicó por diez y adquirieron cierto grado de independencia bajo el interés decisivo de la hegemonía local. Las ciudades que consiguieron una mayor independencia del Sacro Imperio Romano Germánico surgieron como nuevos centros de poder económico. A pesar del caos político, el aumento de la población del imperio fue notable, ya que casi se duplicó en cien años. Poco se sabía que la peste bubónica pronto causaría estragos en toda Europa.

Capítulo 7: El ascenso de los Habsburgo

Los Habsburgo, una poderosa familia alemana, remontan sus orígenes al siglo XI. Su apellido deriva de su sede ancestral en el castillo de los Habsburgo, en Argovia (actual Suiza). Al principio ostentaban títulos menores, pero poco a poco fueron ganando recursos y, a mediados del siglo XIII, se convirtieron en serios aspirantes al título real. Mediante matrimonios estratégicos y alianzas con otras casas nobles, como la Casa de Luxemburgo y la Casa de Borgoña, los Habsburgo ampliaron su influencia y adquirieron vastos territorios en la actual Francia, España, los Países Bajos y el Sacro Imperio Romano Germánico.

Tras los tumultuosos y destructivos acontecimientos del Gran interregno (1254-1273), el papa Gregorio X, recién elegido tras un largo periodo de inestabilidad en la iglesia, instó a los electores a elegir un emperador legítimo que pusiera fin al caos en el imperio[i]. Finalmente, tras dos décadas de agitación, en 1273 se acordó que Rodolfo I, conde de Habsburgo, sería elegido rey de los germanos. La segunda opción en la elección era Otakar II, rey de Bohemia, pero los electores prefirieron elegir a un candidato que parecía una figura de poder e influencia mediocres en contraste con Otakar II, que era bastante poderoso y rico.

---

[i] Hay algunas afirmaciones de que el Gran interregno comenzó inmediatamente después de la muerte del emperador Federico II en 1250, aunque generalmente se describe como posterior a la muerte de su hijo Conrado IV en 1254.

Durante el reinado de Federico II, en la primera mitad del siglo XIII, el poder doméstico del rey alemán y la supremacía del emperador se resintieron enormemente[i]. Durante los turbulentos tiempos del Gran interregno, los nobles alemanes se hicieron con el poder e impidieron la restauración del anterior sistema de gobierno. El número de nobles que mantenían un control casi total sobre sus territorios aumentó rápidamente. Incluso un señor que poseía un pequeño pedazo de tierra a lo largo del Rin era considerado a menudo un príncipe independiente[ii]. Los posibles levantamientos y la unificación entre los príncipes suponían una gran amenaza para la ya reducida autoridad imperial.

La elección de Rodolfo marcó el inicio de una nueva era en la historia europea. Conocido por su pericia militar, Rodolfo representaba el orden y la legitimidad en el imperio, lo que contribuyó a calmar las tensiones. Su reinado estuvo, como el de Federico II, marcado por problemas y conflictos con los Estados Pontificios. Conseguir el reconocimiento del papa fue difícil debido a la empañada reputación del gobierno imperial en las décadas precedentes. Por lo tanto, la capacidad de Rodolfo para ejercer su autoridad imperial se vio algo afectada.

El emperador del Sacro Imperio Romano Germánico Rodolfo I representado en una estatua del siglo XIX[17]

[i] Painter, Sidney, *A History of the Middle Ages 284-1500*, The MacMillan Press LTD, 1973. 332-3.
[ii] Bryce, James, *The Holy Roman Empire*, MacMillan and Company, 1866. 229.

La elección de Rodolfo como rey de Alemania no provocó inmediatamente levantamientos populares, pero sí tuvo implicaciones en el panorama político del imperio. Rodolfo pudo consolidar el control de los Habsburgo en Austria mediante la adquisición de diversas tierras y derechos, que se convirtieron en el núcleo del poder de la dinastía Habsburgo. Sin embargo, se enfrentó a la presión de poderosos nobles y obispos. Durante su época como gobernante, se centró en aprovechar su posición para enriquecerse, vendiendo privilegios de la corona en beneficio de su familia. A pesar de ello, el valor conjunto de las posesiones de la corona aumentó gracias al exitoso desarrollo económico del imperio. El éxito de Rodolfo fue bastante rápido y sorprendente, lo que indica que el valor de los cargos de rey alemán y emperador del Sacro Imperio Romano Germánico no se había perdido por completo para cuando Rodolfo llegó al poder[i, ii].

Los principales cambios durante este periodo fueron la expansión de las tierras propiedad de la corona y la respuesta a la continua emancipación de los ministeriales, a los que se concedió el estatus de caballeros de pleno derecho y más inmunidades para los monasterios reales[iii, iv]. A principios del siglo XII se exigió a los monasterios que proporcionaran comida y alojamiento a los representantes reales, y esta imposición se extendió también a las ciudades reales. Rodolfo desarrolló las estructuras iniciadas por Ricardo de Cornualles durante el Gran interregno y estableció bailías para recuperar Austria, Carintia, Estiria y Turingia, que según él eran feudos imperiales vacantes[v]. Los bailíos se basaban en confiar a señores menores la supervisión de los bienes reales, desplazando la base del verdadero gobierno imperial para que

---

[i] Bryce, James, *The Holy Roman Empire*, MacMillan and Company, 1866. 230.

[ii] Hay que señalar que Rodolfo I nunca fue coronado emperador del Sacro Imperio Romano Germánico, aunque desempeñó un importante papel en su restablecimiento.

[iii] Los ministeriales eran individuos no libres que ocupaban cargos militares o administrativos dentro del sistema feudal. No eran caballeros plenamente libres y estaban ligados al servicio de un señor. Rodolfo concedió a muchos de ellos el estatus de caballeros, permitiéndoles portar armas, ampliando así su influencia sobre sus cargos.

[iv] Wilson, Peter H. *Heart of Europe: A History of the Holy Roman Empire*. Harvard University Press, 2016. 555.

[v] Una bailía suele ser el territorio de una ciudad o de un monasterio; está bajo la jurisdicción de un bailío o alguacil, un funcionario legal responsable de supervisar la zona designada.

descansara en la posesión directa del rey de los feudos inmediatos como tierras familiares hereditarias.

Antes de su ascensión al trono, el único rival de Rodolfo era Otakar II de Bohemia, quien, a pesar de haber perdido la elección imperial, aún tenía reclamaciones sobre la herencia de Babenberg. Rodolfo utilizó sus poderes imperiales para resolver por la fuerza la cuestión a su favor en 1276, aunque Otakar contaba con ciertos príncipes que lo respaldaban y apoyaban su reclamación. Afortunadamente para el emperador reinante, Otakar II murió en la batalla de Marchfeld en 1278, y Rodolfo continuó reinando sin oposición[i].

Cuatro años más tarde, Rodolfo asignó el ducado de Austria a sus hijos en la Dieta de Augsburgo. Los electores finalmente acordaron que Rodolfo podría emplear a sus hijos como duques de Austria y Estiria. Aún quedaban príncipes que apoyaban las pretensiones de la familia de Otakar y recelaban de un rey que adquiría feudos como propiedad personal.

A partir de ese momento, la dinastía de los Habsburgo también fue conocida como la Casa de Austria. Los nobles de otras partes del Sacro Imperio Romano Germánico seguían utilizando las tierras que pertenecían al emperador, pero también aprovechaban su cargo real para asegurarse feudos vacantes.

Tras un reinado lleno de acontecimientos, Rodolfo murió de causas naturales en 1291. Aunque se esforzó al máximo, no pudo asegurar la sucesión al trono alemán para su hijo Alberto, en gran parte debido a las objeciones planteadas por el hijo de Otakar, el rey Wenceslao II de Bohemia, así como por algunos otros nobles.

Alberto era conocido como Alberto el Tuerto, y existen varias historias sobre cómo perdió su ojo. Una historia afirma que lo perdió en una batalla, pero algunos de sus contemporáneos creían que pudo deberse a un intento de envenenamiento, al que sobrevivió por poco. Alberto no fue elegido debido a su mala actitud hacia los electores y a su «aspecto poco decoroso». A pesar de ello, Alberto continuó los esfuerzos de su padre e intentó expandir la influencia y el control de los Habsburgo en el Sacro Imperio Romano Germánico.

---

[i] Wilson, Peter H. *Heart of Europe: A History of the Holy Roman Empire*. Harvard University Press, 2016. 557.

Los príncipes electores eligieron finalmente al conde Adolfo de Nassau-Weilburg como rey de los romanos en 1292. La negativa de Adolfo a llegar a un compromiso con los nobles sobre las disputas territoriales, lo que había reducido el apoyo de estos hacia él, provocó un declive de su popularidad. Los electores no planeaban deponer al rey, pero la política de Adolfo hacia Turingia y su implicación en conflictos contra nobles y electores hizo que se unieran para hacer valer sus propios intereses. Este suceso fue la primera deposición de un soberano por parte de los electores sin la participación papal[i].

Es interesante observar que Adolfo ni siquiera fue excomulgado por el papa antes de ser depuesto. La razón de ello es que no existían pruebas convincentes contra Adolfo, ya que su elección y coronación no fueron impugnadas. A pesar de ello, la decisión de dejarlo permanecer en el poder siguió siendo muy controvertida. Todo se resolvió finalmente cuando Alberto derrotó a Adolfo en la batalla de Gollheim en 1298. Al hacerlo, Alberto recuperó el trono y consolidó inmediatamente sus posesiones en Turingia, al tiempo que aseguraba Bohemia, que había quedado vacante tras la muerte de Otakar II.

Alberto demostró ser un gobernante competente y consiguió más apoyo de las ciudades imperiales gracias a unas medidas económicas eficaces. Sin embargo, Alberto fue asesinado por su propio sobrino, Juan, duque de Suabia, en 1308. Juan estaba motivado por el deseo de poder y de heredar los territorios de Alberto. Tras este suceso, el nombre de Juan pasó a la historia como Juan el Parricida. Con la muerte de Alberto, la Casa de Habsburgo perdió a uno de sus representantes más dinámicos, y su repentina muerte puso fin a los esfuerzos por mantener la corona imperial en la familia.

El hijo de Alberto, Federico III de Austria, debía ser su sucesor, pero los electores rechazaron al heredero de los Habsburgo. También conocido como Federico el Hermoso, poseía los ducados de Austria y Estiria, pero no consiguió hacerse con el título real[ii]. En su lugar, el conde Enrique VII surgió como mejor opción, ya que procedía de la acaudalada Casa de Luxemburgo. Enrique fue votado por seis de los siete electores y fue coronado por el papa Clemente V en 1312. Murió inesperadamente de malaria en 1313.

---

[i] Wilson, Peter H. *Heart of Europe: A History of the Holy Roman Empire*. Harvard University Press, 2016. 557.
[ii] Esta distinción ayuda a diferenciarlo del emperador Federico III (1452-1493).

El corto reinado de Enrique y su repentina muerte dieron lugar a otra elección tempestuosa. Fue la primera elección doble desde la que tuvo lugar durante el Gran interregno. El hijo de Enrique, Juan de Bohemia, parecía demasiado poderoso para los electores, y estos volvieron a dejar de lado a Federico como candidato a la corona. Los Habsburgo y los luxemburgueses estuvieron muy igualados antes de que los Habsburgo aprovecharan la ocasión para proclamar rey a Federico el Hermoso en 1314, con el argumento de que era el heredero legítimo. Al día siguiente, los luxemburgueses eligieron a su candidato como antirrey, Luis IV de Baviera, que también contaba con el apoyo del poderoso Juan de Bohemia. Federico, sin embargo, seguía siendo la primera y correcta opción.

Luis fue coronado en Aquisgrán, mientras que Federico se vio obligado a viajar a Bonn para su coronación. Ambos intentaron conseguir el apoyo de los estados imperiales, enzarzándose en varios años de sangrienta guerra por la hegemonía. En un principio, la victoria parecía estar al alcance de Federico. La guerra por el liderazgo terminó en 1322 cerca de la ciudad de Mühldorf. Federico fue capturado junto con más de mil nobles, pero Luis no lo ejecutó.

En 1325, tras unos años de encarcelamiento y debido a la terquedad del hermano de Federico, Leopoldo, el propio Luis accedió a liberar a Federico en virtud del Tratado de Rausnitz. Con este acto, Luis apaciguó los disturbios en el país causados por la guerra. Incluso reconoció a Federico como corregente nominal, mientras que Federico lo reconoció como gobernante legítimo. Fuertemente objetados por el papa y los príncipes electores, Luis y Federico gobernaron conjuntamente.

Con las pretensiones de los Habsburgo ahora debilitadas, surgió un nuevo rival para contrarrestar a Luis: Carlos IV de Bohemia. Luis intentó adquirir nuevos territorios, lo que inspiró la oposición del elector luxemburgués, que preveía a Carlos como nuevo rey. Aunque los Habsburgo fueron desplazados como reyes por los luxemburgueses en 1308 y por los Wittelsbach de Baviera en 1314, pasaron a primer plano y pudieron consolidar y ampliar sus posesiones a cambio de cooperar con el monarca de turno[i].

---

[i] Wilson, Peter H. *Heart of Europe: A History of the Holy Roman Empire*. Harvard University Press, 2016. 610.

Bajo el dominio de los Wittelsbach y los luxemburgueses, los Habsburgo gobernaron principalmente como duques, sobre todo en Austria. Los duques Habsburgo permanecieron leales a Luis, mientras que el papa Clemente VI mostraba su apoyo a Carlos. Luis, a su vez, siguió siendo políticamente poderoso hasta su muerte en 1347. La muerte de Luis se produjo durante una época de cambios significativos impuestos por la devastadora peste bubónica conocida como la peste negra. La muerte de un emperador coincidiendo con una de las pandemias más mortíferas de la historia de la humanidad supuso una gran amenaza para la estabilidad del imperio.

Los hijos de Luis IV apoyaron a Günther von Schwarzburg como nuevo rey rival de Carlos IV. Günther ostentó el título brevemente, pero tuvo dificultades para establecer un reconocimiento generalizado. Pocos meses después de la elección, Günther murió, complicando aún más la situación política. Los príncipes electores acabaron reconociendo a Carlos IV como emperador legítimo.

Mapa que representa los territorios bajo diferentes jurisdicciones

- El país de los luxemburgueses.
- Ducado de Austria bajo el dominio de los Habsburgo.
- Territorio de Wittelsbach.[18]

Los hermanos de Federico el Hermoso y sus hijos se sucedieron o gobernaron conjuntamente a lo largo de las siguientes décadas. Rodolfo I (no confundir con el emperador Rodolfo I) llegó a ser rey de Bohemia, pero murió a una edad relativamente temprana. Leopoldo I fue, durante un tiempo, cogobernante con su hermano Federico en el ducado de Austria. Otón el Alegre (a veces llamado Otón el Juerguista), apodado así en referencia al ambiente festivo de su corte, tomó el título de duque de Austria. Su atención se desplazó hacia Baviera tras casarse con la hija del duque bávaro Esteban. Alberto II fue duque de Austria, Estiria y Tirol en un momento dado y fue el que más cerca estuvo de ser coronado emperador del Sacro Imperio Romano Germánico. Sus hijos, Alberto III y Leopoldo II, gobernaron juntos las posesiones de los Habsburgo hasta 1379. Aunque siempre se inclinó por ello, ninguno de los herederos de las posesiones de los Habsburgo reclamó el trono imperial hasta la elección de Federico III en 1452.

Federico era hijo de Ernesto, duque de Austria. Su padre murió en 1424, lo que lo convirtió en duque de Austria Interior. Su tío, Federico IV, duque del Tirol, actuó como regente, ya que Federico solo tenía nueve años en el momento del fallecimiento de su padre. Cuando Federico pudo gobernar por sí mismo, su hermano menor, Alberto, hizo valer inmediatamente sus derechos como cogobernante, iniciando una larga rivalidad entre ambos. Federico tuvo que rechazar las pretensiones de su hermano, pero acabó imponiéndose con el apoyo de la aristocracia tirolés.

Alberto II (no hermano de Federico) se convirtió en emperador del Sacro Imperio Romano Germánico más de una década después de casarse con la duquesa de Luxemburgo, Isabel. Esta era hija del emperador del Sacro Imperio Romano Germánico, Segismundo, fallecido en 1437. A la muerte de Federico IV, tío de Federico, en 1439, Federico III se convirtió en el regente del joven heredero del duque, Segismundo[i]. Ese mismo año, Alberto II murió inesperadamente de una enfermedad, dejando a Federico para convertirse en el regente de su joven heredero, Ladislao el Póstumo.

Ladislao murió a la edad de diecisiete años en 1457, lo que permitió a Federico hacerse cargo de su herencia. Para entonces, Federico ya se había coronado rey de los romanos, haciéndolo en 1440. Esta

---

[i] Es conocido por convertirse en rey de Hungría con solo tres meses de edad, ya que nació tras la muerte de su padre Alberto II, lo que le valió el apodo de «Póstumo».

coronación se enfrentó a la oposición de algunos electores que no estaban satisfechos con ciertos aspectos de su gobierno. Como resultado, Federico retrasó su coronación formal y no estuvo presente en su propia elección en 1452. Su regencia en las tierras bajo la jurisdicción de la línea albertina seguía siendo vista con recelo.

Entre los años 1444 y 1471, Federico permaneció casi siempre en sus tierras, excepto en 1452, cuando viajó a Roma para ser coronado emperador. Se convertiría en el último emperador del Sacro Imperio Romano Germánico coronado en Roma[i]. Surgieron críticas después de que el emperador se refiriera a sí mismo como Federico III, el sucesor de Hohenstaufen, en lugar de sucesor de Federico el Hermoso. En Viena, durante el año 1448, Federico III firmó un acuerdo por el que reconocía al papa Nicolás V como papa legítimo. A cambio, el papa restauró a los arzobispos electores de Tréveris y Maguncia. El papa también confirmó el papel del emperador en el mantenimiento de la paz y el orden. El concordato formaba parte de un esfuerzo más amplio de Federico por estabilizar la relación entre el Sacro Imperio Romano Germánico y el papado. Este concordato estuvo en vigor hasta 1806 y reguló las relaciones entre los Habsburgo y la Santa Sede.

Federico también creó una institución administrativa mejorada y centralizada, conocida como la cancillería imperial. Esta oficina se encargaba de gestionar las tierras y los registros de los Habsburgo. La cancillería desempeñó un papel central en el mantenimiento de las relaciones diplomáticas con otras potencias europeas. Era responsable de los tratados y acuerdos. Esta entidad ayudó a centralizar el poder en manos del emperador y sus consejeros. A pesar de ser conocido por su enfoque cauteloso y conservador de la gobernanza, Federico no persiguió activamente reformas integrales, sino que se centró principalmente en mantener la estabilidad en lugar de aplicar cambios.

---

[i] Su bisnieto, Carlos V, fue el último emperador en ser coronado, aunque esto se hizo en Bolonia.

Tapiz que representa la coronación de Federico III, atribuyendo erróneamente al papa presente el nombre de Pío II en lugar del papa Nicolás V[19]

Federico aseguró sus propias tierras antes de dirigir su atención al resto del imperio. Sin embargo, se enfrentó a una importante oposición por parte de los nobles austriacos y bohemios. Abandonó sus reclamaciones sobre las tierras en disputa en 1458, pero pronto se vio envuelto en una disputa con su hermano, Alberto VI, sobre Austria entre 1461 y 1463. En 1462, Alberto levantó una insurrección contra Federico en Viena, y el emperador fue asediado en su propia residencia. Estos conflictos lo obligaron a trasladar su corte entre diversas partes del imperio a lo largo de los años. Vivió en Graz, Linz y Wiener Neustadt, donde se le atribuye la construcción de un castillo y un monasterio.

Federico se opuso a ciertas reformas propuestas por el conde Berthold de Henneberg, que emergió como un profundo portavoz tras convertirse en elector de Maguncia en 1484. Henneberg quería explotar el deseo de Federico de asegurarse el reconocimiento de su hijo Maximiliano como sucesor. Federico evitó el conflicto directo y mantuvo numerosas discusiones hasta que los electores aceptaron a Maximiliano I como rey de los romanos en 1486. Era la primera vez en

110 años que se elegía a un sucesor en vida de un emperador. Fue una señal positiva de que, después de todo, Henneberg y otros querían realmente colaborar con los Habsburgo.

Federico se retiró a Linz en 1488 y dejó a su hijo la gestión del Sacro Imperio Romano Germánico. Dado que Maximiliano podía actuar como mediador entre los príncipes y su padre, la puerta al compromiso quedó finalmente abierta. Maximiliano continuó esta política tras la muerte de Federico en 1493.

La Casa de Habsburgo fue una de las familias reales más importantes y duraderas de la historia europea. A lo largo de los siglos, lograron grandes hazañas y ampliaron sus territorios mediante matrimonios estratégicos y proezas diplomáticas. Por ejemplo, la unión de Maximiliano I con María de Borgoña puso los Países Bajos borgoñones bajo el control de los Habsburgo. El matrimonio de su hijo, Felipe el Hermoso, con Juana de Castilla solidificó aún más la influencia de los Habsburgo y unió los territorios español y borgoñón.

Por desgracia, tras la muerte de Felipe en 1506, Juana comenzó a sufrir problemas de salud mental, lo que le valió el apodo de Juana la Loca. Su hijo, Carlos V, heredó todas las tierras de ambos lados de la familia. De 1519 a 1556, durante el reinado de Carlos, el Imperio de los Habsburgo incluyó el Sacro Imperio Romano Germánico, el Imperio español, el Imperio austriaco, el Reino de Hungría y muchos otros territorios. Carlos V hablaba con fluidez neerlandés, francés, alemán, italiano y español, las lenguas más extendidas del imperio. Las posesiones de los Habsburgo eran tan vastas que Carlos tuvo que nombrar diputados y regentes en todos sus dominios.

En 1556, Carlos sorprendió a todo el mundo cuando decidió renunciar a su cargo de gobernante y retirarse al monasterio de Yuste, en España. Dividió su territorio en dos ramas separadas, cada una gobernada por representantes de la Casa de Habsburgo. Abdicó oficialmente del Sacro Imperio Romano Germánico y entregó el cetro imperial a su hermano Fernando I, tal y como se había designado en la Dieta de Worms en 1521. Durante este periodo, España estableció un imperio global a través de la colonización de las Américas. Carlos V cedió la corona española a su hijo, Felipe II. Los recursos y la riqueza obtenidos de América contribuyeron al auge del dominio mundial y del poder económico europeos.

Los Habsburgo también desempeñaron un papel fundamental en el desarrollo de la cultura, ya que fueron grandes mecenas de las artes. Viena, como capital de los territorios de los Habsburgo, se convirtió en un importante centro cultural que atrajo a músicos, artistas e intelectuales. Figuras notables, como Wolfgang Amadeus Mozart, Ludwig van Beethoven y Franz Schubert, encontraron el mecenazgo y el apoyo de la realeza. Carlos V era conocido por su apoyo a Tiziano, que pintó varios retratos del emperador. El Imperio de los Habsburgo facilitó un intercambio cultural diverso, que abarcaba varias etnias y culturas, lo que tuvo una influencia perdurable en las regiones implicadas.

La división de la Casa de Habsburgo fue un acontecimiento trascendental en la historia europea, que condujo a la formación de distintas ramas que configurarían los destinos de España y Austria en los siglos venideros.

Capítulo 8: El Imperio durante la Reforma

Centrémonos primero un poco en el contexto social y cultural en el que se produjo la Reforma. Durante finales del siglo XV y principios del XVI, la Iglesia católica experimentó un aumento significativo de la corrupción. La iglesia se caracterizaba por la decadencia moral, la simonía (la compraventa de cargos eclesiásticos) y la venta de indulgencias (certificados que prometían la remisión de los pecados)[i]. Muchos clérigos se centraron en la riqueza y el poder político. El creciente interés por el saber clásico llevó a los eruditos a explorar los textos antiguos y la Biblia en sus lenguas originales. El Renacimiento dio lugar al cuestionamiento de la interpretación oficial de la Biblia. Además, los grandes descubrimientos, sobre todo el avance de la imprenta por el inventor alemán Johannes Gutenberg a mediados del siglo XV, desempeñaron un papel crucial en la difusión de nuevas ideas.

Hacia principios del siglo XVI, el Sacro Imperio Romano Germánico sufrió importantes cambios institucionales conocidos como «reformas imperiales». Sin embargo, estos cambios no se aplicaron en su totalidad, lo que condujo a un declive tanto de la autoridad imperial como papal. Estas reformas también se entrelazaron estrechamente con los problemas dentro de la iglesia. Como resultado, las regulaciones fueron

---

[i] Los simonianos recibieron su nombre de Simón el Mago, a quien se describe en los Hechos de los Apóstoles como el que ofreció un pago a dos discípulos de Jesús.

rechazadas, aceptadas o adaptadas por diferentes comunidades nacionales y locales, lo que en última instancia condujo a una reducción del respeto hacia el emperador.

La situación política de Alemania en esa época presagiaba un desastre. A diferencia de Francia o Inglaterra, Alemania no era un país unificado, sino un conjunto de estados semindependientes con dialectos y antecedentes culturales similares, que formaban un imperio, no una nación en el sentido moderno de la palabra. La influencia del emperador estaba por los suelos, lo que provocó tensiones y hostilidad hacia la iglesia, que siempre estuvo aliada con el Sacro Imperio Romano Germánico. Como ya se ha mencionado, el clero consiguió destruir su estatus y reputación a través de la simonía y la venta de indulgencias. A pesar de algunos esfuerzos realizados por Federico III y su hijo Maximiliano I, la situación no cambió durante las dos primeras décadas del siglo XVI[i]. No solo la disposición política parecía más anárquica que monárquica, sino que también había caos y desorden en las normas sociales y las creencias morales.

Maximiliano I tenía un carácter extremadamente fuerte y era conocido por su valentía, rigor y autodisciplina. Uno de los últimos emperadores del Sacro Imperio Romano Germánico que siguió el ejemplo de sus predecesores medievales, Maximiliano I libró guerras personalmente e incluso se lo consideró un poco temerario y exagerado. En una ocasión, se dice que subió a lo alto de la catedral de Ulm y caminó hasta el mismo borde del edificio, dando un rodeo para que los asustados espectadores pudieran ver su temeraria hazaña. De hecho, es una personalidad digna de una investigación mucho más profunda que sobrepasa los estrechos límites de este libro.

Aunque Maximiliano era un personaje bastante fascinante, tenía sus defectos. Contribuyó a la acumulación de deudas debido a sus gastos sin escrúpulos, fastuosos e irracionales. Sus gastos eran tan malos que los italianos se referían a él como «Massimiliano di pochi denari» («Maximiliano de pocos denarios»). Tampoco fue capaz de romper el bloqueo veneciano y abrirse paso hasta Roma, donde debería haber sido coronado emperador del Sacro Imperio Romano Germánico. Aunque el papa Julio II concedió a Maximiliano I el título de emperador

---

[i] Maximiliano tenía un plan para ostentar tanto el título de papa como el de emperador del Sacro Imperio Romano Germánico en 1511, pero no lo consiguió. Esto acentuó aún más la autoridad imperial y papal descendente.

romano electo, Maximiliano fue el primer emperador del Sacro Imperio Romano Germánico que no fue coronado en Roma, lo que puso fin a siglos de tradición.

En 1515, el papa León X estaba decidido a terminar la construcción de la nueva basílica de San Pedro en Roma. Las indulgencias eran ya un método bastante establecido de financiación, e introdujo otras nuevas y más costosas en la bula papal emitida ese mismo año. Según la declaración de la Iglesia en la *Collectio de Judiciorum de Novis Erroribus*, publicada unas décadas antes, «Toda alma del purgatorio va inmediatamente al cielo y queda inmediatamente liberada de cualquier pecado desde el momento en que un creyente pone seis monedas de plata en la caja para construir la iglesia de San Pedro»[i].

El obelisco vaticano y la basílica de San Pedro en reconstrucción, dibujados poco después de 1523 por Marteen van Heemskerck [20]

Aunque contó con una gran oposición en Roma, el papa León X nombró al cardenal Alberto de Brandeburgo arzobispo de Maguncia, Magdeburgo y Halberstadt. A pesar de que era joven y no estaba preparado, Alberto consiguió la supremacía sobre los tres obispados con la ayuda de un «acuerdo voluntario»[ii]. Este acto introdujo a la opinión

---

[i] *Collectio de Judiciorum de Novis Erroribus* es una recopilación de decisiones de la Iglesia católica sobre creencias nacientes consideradas heréticas; fue desestimada en la Sorbona ya en 1482 por un sacerdote anónimo, pero siguió existiendo a pesar de la censura. Febvre, Lucien, *Martin Luther: A Destiny*, LDI, 1996. 75.

[ii] Alberto se obligó a pagar un canon para conservar su derecho a los obispados; luego pidió prestados los fondos a un banquero y liquidó su título. Febvre, Lucien, *Martin Luther: A Destiny*, LDI, 1996. 72

pública alemana en el evidente abuso de las posiciones conseguidas mediante simonías e indulgencias. En la bula papal, León designó a los obispados de Alberto para que cedieran la mitad de sus ingresos para la construcción de la basílica de San Pedro. El nivel de organización de esta manipulación económica queda muy patente en la alianza del papa León con Jakob Fugger, un banquero de éxito que actuaba como consejero del papa. Además, el papa recomendó nombrar a Alberto de Brandeburgo para supervisar la venta de indulgencias en Alemania. Esta campaña fue dirigida por el fraile Johann Tetzel, famoso por sus métodos agresivos. Tetzel propuso una remisión total de todos los pecados a quienes visitaran siete iglesias respetadas y pagaran una suma de plata designada tras rezar oraciones. El abuso de posición y la campaña en Alemania conmocionaron a los creyentes de mentalidad seria, incluido Martín Lutero, profesor de teología en la Universidad de Wittenberg, en Sajonia.

Unos años antes, en 1510, Lutero peregrinó a Roma. Caminó más de mil kilómetros (setecientas millas) por los nevados Alpes, solo para desanimarse por lo que vio al llegar a su destino. Este viaje tuvo un impacto algo positivo en Lutero, ya que le permitió visitar muchos lugares sagrados y profundizar en sus creencias. Sin embargo, las escenas que presenció en Roma expusieron el mal uso de las prácticas religiosas dentro de la Iglesia católica. En contraste con su país natal, donde los monjes eran conocidos por su humildad y modestia, encontró sacerdotes ricos que se entregaban a la bebida y al juego y mantenían relaciones con mujeres. Descubrió que estos sacerdotes se enriquecían y vivían en el lujo gracias a la venta de indulgencias[i].

Esto tuvo un profundo efecto en Lutero. A su regreso a Wittenberg, comenzó a compartir sus pensamientos con los estudiantes durante sus conferencias. Continuó predicando a ciudadanos corrientes, a otros profesores de teología, a sus superiores en la universidad e incluso a sus enemigos. Poco a poco, se convirtió en líder de una escuela de pensamiento que desafiaba muchas de las prácticas de la Iglesia católica.

En respuesta a las campañas de Tetzel y Alberto, se celebró un debate llamado *Disputatio contra scolasticam theologiam* (*Disputación contra la teología escolástica*) bajo los auspicios de Martín Lutero. Durante el debate, Martín Lutero presentó noventa y siete tesis, rechazando las doctrinas escotistas, así como la metafísica, la lógica y la

---

[i] Gran Enciclopedia Larousse, Vuk Karadzic, 1971-1973. 372.

ética aristotélicas[i, ii]. Se enviaron copias de las tesis a los amigos de Lutero, pero este no permitió que sus estudiantes u otros afiliados las imprimieran durante casi dos años. En octubre de 1517, Lutero redactó unas tesis mejor estructuradas y redujo su número a noventa y cinco. Adjuntó las tesis a una carta dirigida directamente al arzobispo Alberto.

El tono tranquilo y educado de la carta y las sinceras intenciones de Lutero no significaban que no se tratara de un movimiento audaz que podía tener consecuencias mayores. La jugada de Lutero se convirtió en la primera chispa que inició un incendio que pronto se apoderaría de Europa. El caso fue remitido a la Curia romana para que lo juzgara, aunque el papa León X no se interesó por el asunto en ese momento. El Día de Todos los Santos, que cae el 31 de octubre, muchos peregrinos acudieron a Wittenberg para que se les concediera el perdón y para donar dinero a la iglesia y a la corona. Lutero vio en ello una oportunidad perfecta para compartir sus ideas. Colgó sus *Noventa y cinco tesis* en las puertas de la iglesia de Wittenberg[iii].

La iglesia del castillo de Wittenberg tal y como aparece en una ilustración de Lucas Cranach el Viejo de 1509 [ii]

Las tensiones entre el papa y Lutero aumentaron cuando el nuncio papal (un representante diplomático de la Santa Sede), Girolamo Aleandro, ordenó la quema de los libros de Lutero. En respuesta,

---

[i] Los escotistas eran seguidores de Duns Escoto, un profesor de teología escocés que intentó separar la teología y la filosofía en el siglo XIII.
[ii] Febvre, Lucien, *Martin Luther: A Destiny*, LDI, 1996. 77.
[iii] Lutero tituló el anuncio *Disputatio pro declaratione virtutis indulgentiarum* —una disputa sobre el poder y la eficacia de las indulgencias.

Lutero, acompañado de sus partidarios, quemó públicamente la bula papal. El desafío más importante a los objetivos imperiales y católicos llegó después del año 1517. La Reforma demostró ser no solo un movimiento religioso, sino también una causa de cambio político. El resultado desigual de las reformas y las ya crecientes diferencias políticas y culturales condujeron al crecimiento de iglesias nacionales más diferenciadas en toda Europa. Esto incluyó el alejamiento de algunos territorios hacia la independencia, como Suiza y los Países Bajos[i].

El declive de la autoridad papal e imperial significó que no había una única autoridad lo bastante influyente como para juzgar las creencias de Lutero. Esto dio lugar a la aceptación, el rechazo y la adaptación de sus creencias por parte de diversas comunidades locales y clérigos. No estaba claro si el emperador, los príncipes, los magistrados o el pueblo debían decidir qué versión del cristianismo era la correcta.

La protesta de Lutero llegó en un momento muy desagradable para Maximiliano I, que estaba en pleno proceso de nombrar a su nieto, Carlos V, rey de España y sucesor al trono imperial. Carlos ganó la elección frente a los reyes Francisco I de Francia y Enrique VIII de Inglaterra en 1519. Otras circunstancias hicieron que Carlos no pudiera presentarse en el Sacro Imperio Romano Germánico hasta dos años después de su coronación. El emperador Carlos V nunca fue un favorito entre los alemanes y se sentía muy atraído por la antigua fe. Comenzaron a formarse dos bloques firmes que estaban a punto de iniciar una amarga lucha.

Lutero escribió una sombría carta al papa León X en 1520 en la que expresaba su ira y decepción por lo que había presenciado durante su estancia en Roma. Mostró emociones sinceras y no dudó en decir su verdad. «La Iglesia de Roma, antes la más santa de todas las Iglesias, se ha convertido en la más anárquica cueva de ladrones, el más desvergonzado de todos los burdeles, el mismísimo reino del pecado, la muerte y el infierno; de modo que ni siquiera el anticristo, si llegara a venir, podría idear ningún añadido a su maldad»[ii].

---

[i] Wilson, Peter H. *Heart of Europe: A History of the Holy Roman Empire.* Harvard University Press, 2016. 200.
[ii] Escribió la carta en septiembre de 1520 como respuesta a la exigencia del papa León de que renunciara a todos sus escritos.

La alianza del emperador del Sacro Imperio Romano Germánico Carlos V con el papa León X quedó demostrada en la Dieta de Worms de 1521[i]. Carlos V llamó a Lutero y lo convocó a la ciudad de Worms, pidiéndole que renunciara a sus creencias y aceptara al papa como figura central dentro de la iglesia. Lutero se presentó y rebatió obstinadamente sus antiguas creencias ante el papa. Como resultado, fue proclamado hereje y excomulgado, junto con todos los que lo apoyaban. La predicación de estas creencias heréticas estaba prohibida.

Lutero sobrevivió solo gracias a la protección de Federico el Sabio, un príncipe sajón hostil a la Iglesia. Federico escoltó a Lutero a la seguridad del castillo de Wartburg en Eisenach, donde Lutero pasó diez meses traduciendo la Biblia al alemán. Este trabajo permitió que una nueva perspectiva de la iglesia se extendiera por toda Alemania. Federico había prohibido anteriormente la campaña del fraile Tetzel y del arzobispo Alberto en su territorio. Esto se debió a que contribuyeron a reducir sus ingresos y a privarlo de sus rentas.

La caída de Lutero dio lugar a la diversificación del movimiento inicial en Alemania. Pronto surgieron otros reformadores en otras partes de Europa, sobre todo Ulrico Zwinglio en Suiza y Juan Calvino en Francia. La excomunión oficial de Martín Lutero fue publicada en enero de 1521 por el papa León X. Aunque se suele considerar que la Reforma comenzó con la publicación de las *Noventa y cinco tesis*, la excomunión de Lutero marcó la ruptura definitiva entre él y la Iglesia. Solo un año después de su expulsión, Lutero regresó a Wittenberg, donde pidió al príncipe elector sajón Federico que lo nombrara siervo de Cristo y evangelista.

Al contrario que Lutero, que estaba rodeado de príncipes, nobles y eruditos, algunos predicadores encontraron apoyo entre la gente más pobre del pueblo y los campesinos, lo que ocurrió entre 1521 y 1525. Hubo revueltas del campesinado en Franconia, Suabia y Turingia, conocidas colectivamente como la guerra de los campesinos alemanes. Estos levantamientos no recibieron la aprobación de Lutero, y muchos rebeldes depusieron las armas, sintiéndose traicionados por él. Algunos predicadores fueron ejecutados en la batalla de Frankenhausen en 1525. Esta batalla puso fin a la revolución, aunque el radicalismo siguió vivo en el movimiento anabaptista.

---

[i] Wilson, Peter H. *Heart of Europe: A History of the Holy Roman Empire.* Harvard University Press, 2016, 202.

Hacia 1526, una liga de príncipes protestantes se sublevó contra la Iglesia católica. Esta liga marcó un periodo de tensiones y conflictos con Carlos V. El emperador tenía problemas para luchar con Francisco I de Francia, al tiempo que frenaba el avance del sultán Solimán del poderoso Imperio otomano.

A esta liga le sucedió la Liga de Esmalcalda, una liga de príncipes protestantes centrada en oponerse al emperador del Sacro Imperio Romano Germánico. La liga tomó su nombre de la ciudad de Schmalkalden, en Turingia, donde se reunían los príncipes protestantes. A diferencia de las formaciones anteriores, esta liga disponía de un ejército mucho mejor para defender sus intereses. Fue establecida oficialmente por Felipe I de Hesse en 1531. Sin embargo, la Liga de Esmalcalda se vio debilitada por divisiones internas y escándalos entre sus dirigentes.

Las amenazas procedentes del exterior del imperio, concretamente los ataques del sultán Solimán y del rey Francisco I de Francia, combinadas con la unificación de sus enemigos dentro del imperio, obligaron a Carlos a firmar la paz en Nuremberg en 1532. La Liga de Esmalcalda existió durante quince años después porque Carlos estaba demasiado ocupado librando guerras con los franceses y los otomanos. Inferiores en fuerza y organización militar, los príncipes protestantes se procuraron inicialmente su seguridad, formando ligas entre ellos. Sin embargo, empezaron a mirar más allá de sus dominios y descubrieron que Francia estaba dispuesta a unirse a ellos en su lucha contra su enemigo común, el emperador del Sacro Imperio Romano Germánico[i]. Francisco I era católico, e incluso persiguió violentamente a los protestantes en su país, pero fue lo bastante inteligente como para aprovechar la situación para desestabilizar aún más el poder y la influencia de Carlos.

Carlos estaba en apuros y tuvo que firmar la paz con Francisco, lo que se hizo con el Tratado de Crèpy en 1544. También firmó la Tregua de Adrianópolis con Solimán, lo que le permitió centrarse entonces en suprimir la resistencia protestante dentro del imperio. Los conflictos internos y los escándalos debilitaron la posición de los protestantes en Alemania a principios de la década de 1540. En 1542, Felipe de Hesse y Juan Federico I de Sajonia invadieron el ducado de Brunswick, lo que les valió la desaprobación de los demás príncipes. Durante este periodo

---

[i] Bryce, James, *The Holy Roman Empire,* MacMillan and Company, 1866. 376.

de crecientes desacuerdos entre los protestantes, Martín Lutero, de sesenta y dos años, sucumbió a la enfermedad y murió en 1546.

Carlos formó una coalición de príncipes contra Felipe de Hesse y Juan Federico de Sajonia, el más notable de los cuales era el príncipe Mauricio de Sajonia. Carlos y sus aliados obtuvieron una victoria decisiva en la batalla de Mühlberg en 1547. El emperador triunfante reguló las cuestiones religiosas con un edicto imperial conocido como el *Interim* de Augsburgo en 1548. Estas regulaciones solo se aplicaron en las ciudades protestantes del sur de Alemania, lo que demostró que el protestantismo estaba más arraigado de lo que Carlos pensaba. Se acordó que si Juan Federico se rendía, se le perdonaría la vida a cambio de que entregara su territorio y sus derechos electorales a Mauricio. Carlos no respetó el acuerdo y encarceló a Juan Federico y a Felipe de Hesse. Este interinato puso fin a la guerra de Esmalcalda durante unos años, pero los príncipes protestantes, apoyados por el sucesor de Francisco, Enrique II, no estaban satisfechos con las disposiciones provisionales. Juan Federico fue liberado pronto de su cautiverio, pero Felipe permaneció cautivo hasta 1552. El principal objetivo de los príncipes era liberarlo.

Como la liga se disolvió y sus líderes fueron capturados, Carlos descansó y disfrutó de su éxito. Sin embargo, los germanos del norte no se daban por vencidos. Se levantaron en armas y se apresuraron a atravesar los Alpes para sorprender a Carlos y alcanzar al prisionero Felipe.

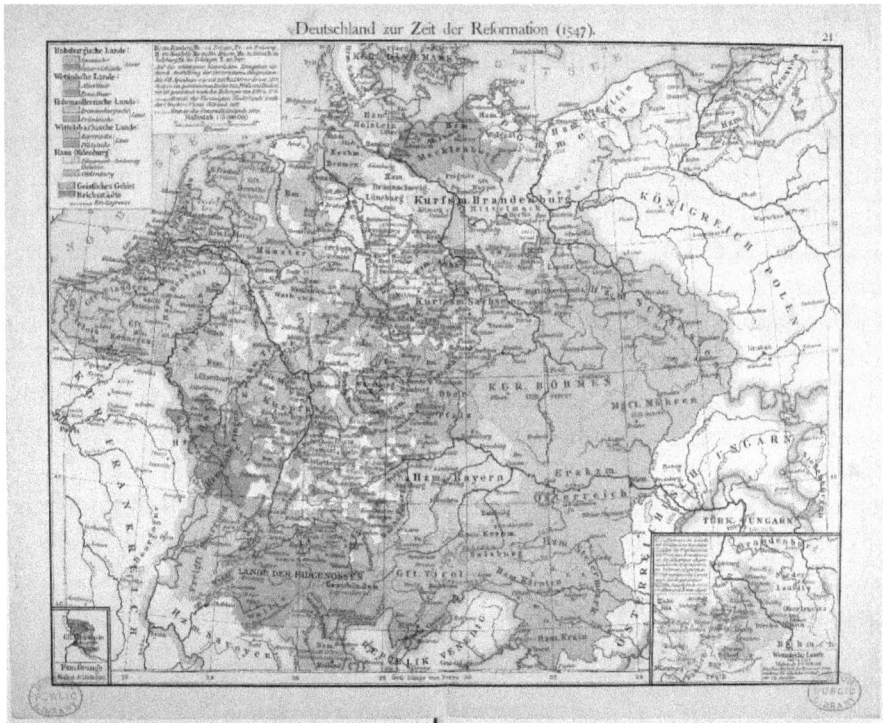

Mapa del Sacro Imperio Romano Germánico en 1547 tras el *Interim* de Augsburgo [22]

El encarcelamiento de su suegro y el desprecio del emperador por el *Interim* de Augsburgo distanciaron a Mauricio de Sajonia de su aliado imperial. Como consecuencia, Mauricio se puso en contra del *Interim* de Augsburgo y se pasó al bando de los protestantes. En un lapsus momentáneo de razón, el emperador Carlos V envió a Mauricio a dirigir un ejército contra Magdeburgo, donde los príncipes protestantes se estaban unificando. Mauricio sorprendió al emperador cuando cambió de bando para unirse a los príncipes de la ciudad. Su poder unificado era demasiado grande para defenderse de él. Las ciudades del sur de Alemania que aún eran leales al emperador fueron rápidamente conquistadas en 1552. Esta victoria obligó a Carlos a huir para evitar ser capturado. Nombró a su hermano, Fernando, rey de los romanos, para firmar un tratado de paz y poner fin a la segunda guerra de Esmalcalda. Debido al papel de Mauricio en ella, esta guerra también se conoce como la revuelta de los Príncipes.

En la ciudad de Passau, el rey Fernando persuadió y coaccionó a sus oponentes para que aceptaran sus propuestas. La Paz de Passau de 1552 concedió algunas libertades a los protestantes y puso fin a las esperanzas de unidad religiosa de Carlos. Este tratado se convirtió en la base de la futura Paz de Augsburgo.

La Paz de Passau abarcaba tres principios fundamentales:

1. Fernando llegó a un acuerdo sobre *cuius regio, eius religio*[i]. Aunque la frase «quien gobierna decide la religión» estaba ausente en la paz (fue acuñada por un profesor en 1586), este fue el principio básico subyacente tanto en la Paz de Passau como en la posterior Paz de Augsburgo[ii]. El principio preveía la unidad religiosa interna dentro del Estado. La religión de un príncipe se convertiría en la religión del estado y de sus habitantes, permitiendo la libre salida de otros no creyentes.

2. El segundo principio abarcaba el estatus de los estados eclesiásticos. Si un príncipe-obispo cambiaba de religión, tendría que renunciar a su gobierno, lo que permitiría al Estado, por ejemplo, elegir a un sucesor católico.

3. El tercer principio se conoce como la Declaración de Fernando, y eximía a los príncipes y a algunas ciudades del requisito de uniformidad religiosa[iii]. Se trataba de una concesión dirigida a algunas ciudades imperiales en las que coexistían luteranos y católicos.

La Paz de Passau condujo a la división religiosa de Alemania entre los príncipes católicos y protestantes. Como la solución provisional de Carlos no satisfacía a nadie, ordenó una dieta general en Augsburgo en 1555, en la que varios estados se reunirían para discutir los problemas religiosos.

Dado que el último esfuerzo por producir uniformidad religiosa mediante la violencia había fracasado, en 1555 se acordó un armisticio en Augsburgo. Duró más de sesenta años, pero seguía habiendo temor y recelo mutuos. Este acuerdo pasó a la historia como la Paz de Augsburgo.

---

[i] *Cuius regio, eius religio* significa en latín «cuyo reino, su religión».
[ii] Wilson, Peter H. *Heart of Europe: A History of the Holy Roman Empire.* Harvard University Press, 2016, 212.
[iii] Fernando lo puso en práctica en el último momento; el emperador Carlos no lo ordenó.

Representantes de los estamentos alemanes negociando la paz religiosa en la conferencia de Augsburgo [23]

Entre 1554 y 1556, Carlos dividió gradualmente el Imperio de los Habsburgo y la Casa de Habsburgo entre una línea española superior y una línea germano-austriaca. Dio más soberanía en España y las Indias a su único hijo superviviente, Felipe II, además de Flandes y Nápoles. Carlos consumó su abdicación en 1556 y cedió el cetro imperial en favor de su hermano Fernando. La sucesión fue reconocida en 1558 por los electores y por el papa en 1559.

Fernando gobernó hábilmente el Sacro Imperio Romano Germánico y consiguió dejar las cosas como las encontró. Su hijo, Maximiliano II, que personalmente se inclinaba por el protestantismo, fue incapaz de apagar la llama del odio político y religioso aún presente en el seno del imperio y de la iglesia. Alemania seguía dividida en dos facciones y estaba más lejos que nunca de la unificación. No existía un centro de autoridad reconocido.

Aunque se logró un periodo de coexistencia y paz, la lenta, pero gradual expansión del protestantismo más allá de los límites de las ciudades luteranas y católicas desestabilizó el acuerdo. La Paz de Augsburgo, en cierto modo, brindó oportunidades a quienes pretendían debilitar la autoridad central ya debilitada. La paz distaba mucho de ser perfecta y solo intentó abordar la consecuencia inmediata de la ruptura entre protestantes y católicos. Al final, los conflictos religiosos del siglo XVI contribuyeron a la devastadora guerra de los Treinta Años, que fue testigo de nuevas divisiones religiosas y territoriales dentro del Sacro Imperio Romano Germánico. Durante los cincuenta años de respeto forzado entre facciones, el malestar subyacente se expandió hasta convertirse en una guerra de grandes proporciones. Esta guerra se convirtió en uno de los conflictos más mortíferos de Europa.

Capítulo 9: La guerra de los Treinta Años y la Paz de Westfalia

La guerra de los Treinta Años fue una gran guerra europea, cuyas consecuencias se proyectaron lejos en el futuro e incluso influyeron en nuestras vidas modernas. En cierto modo, la guerra de los Treinta Años fue una guerra de religión, una de las muchas que tuvieron lugar en Europa en aquella época, pero también se libró por motivos económicos, políticos y étnicos[i]. Sin embargo, la naturaleza religiosa de la guerra fue ciertamente predominante. Como hemos visto, al principio del Sacro Imperio Romano Germánico, hubo una especie de oscilación entre la iglesia como titular del imperio y la iglesia como enemiga del imperio. Durante cientos de años, papas y emperadores fueron capaces de encontrar soluciones a la interminable lucha entre los reinos espiritual y mundano.

Sin embargo, una vez que la autoridad de la Iglesia católica se puso en tela de juicio a través de la Reforma protestante, empezaron a surgir problemas aún más graves. La autoridad de los Habsburgo, aliados de la Iglesia católica, también se vio socavada.

Todo empezó en Bohemia, donde el protestantismo ya había puesto el pie. En 1618 comenzaron los conflictos abiertos entre los protestantes bohemios y la monarquía católica de los Habsburgo. Pero hay toda una

---

[i] Wilson PH. The Causes of the Thirty Years' War 1618-48. The English Historical Review. 2008, 1 de junio; 123(502):554-86.

introducción histórica a la guerra de Bohemia. Hacia 1606, en Donauwörth (en Baviera, aunque en aquella época Donauwörth era una ciudad imperial libre)[i], una ciudad poblada mayoritariamente por protestantes, el ayuntamiento se negó a permitir procesiones católicas en la ciudad[ii]. Se produjeron pequeñas refriegas y en todas las ocasiones se negó a los católicos el acceso a la ciudad. Finalmente, el emperador Rodolfo II ordenó una toma armada de Donauwörth, que fue llevada a cabo por el jefe de Baviera, Maximiliano. Donauwörth perdió su estatus de ciudad imperial libre y fue integrada gradualmente en la administración bávara. A los protestantes se les negó el derecho de culto.

Este acontecimiento alarmó a los ciudadanos normales y a los aristócratas protestantes, que se enfrentaban a la perspectiva de perder algunos territorios que recientemente habían sido arrebatados a la Iglesia católica y entregados a ellos. Los jefes del Palatinado, Brandeburgo, Kulmbach, Baden-Durlach, Hesse-Kassel, Wurtemberg y Ansbach eran protestantes y decidieron formar una especie de unión para contrarrestar las atrocidades contra los protestantes en el Sacro Imperio Romano Germánico. Muy pronto, los católicos formaron su propia liga, jurando defender los intereses de su religión.

El siguiente factor precipitante importante de la guerra de los Treinta Años se produjo cuando el jefe de la región de Jülich-Cléveris-Berg murió sin heredero aparente. Los dos principales pretendientes eran protestantes y habían entablado temporalmente una especie de alianza porque el emperador quería ceder la región a otro contendiente por razones políticas. Los dos reclamantes protestantes empezaron a reunir sus fuerzas para repeler la toma por la fuerza de lo que ambos percibían como su propio territorio. El emperador, a su vez, envió a su primo, Leopoldo, para que se hiciera cargo de la región y la pusiera bajo control imperial directo. Sin embargo, las fuerzas de Leopoldo eran demasiado escasas y su avance en la región fue bloqueado. Los dos contendientes protestantes recibieron pronto el apoyo de algunas personas muy poderosas, como el rey Enrique IV de Francia. Leopoldo, por su parte, esperaba el apoyo de la Corona española. Un conflicto hereditario amenazaba con convertirse en una auténtica guerra europea total.

---

[i] Las ciudades imperiales libres eran directamente responsables ante la corte; no estaban gobernadas por las autoridades regionales.

[ii] Mortimer G. The Origins of the Thirty Years' War and the Revolt in Bohemia, 1618. Springer; 2015, 11 de agosto.

Las tensiones crecían entre protestantes y católicos. En 1610, el rey Enrique IV de Francia murió a manos de un asesino. Este acontecimiento aplacó la tensión en torno a la cuestión hereditaria de Jülich-Cléveris-Berg, ya que el bando protestante vio menguar su apoyo. Sin embargo, las animosidades entre protestantes y católicos eran tales que estaban destinadas a surgir en otros lugares.

En Bohemia, los católicos empezaron a suprimir los derechos de los protestantes, presionándolos para que se convirtieran al catolicismo. Distinguidos protestantes perdieron sus puestos en la administración a pesar de las garantías ofrecidas por los Habsburgo. En 1618, los protestantes más notables de Bohemia fueron citados para reunirse con la delegación imperial y discutir su precaria posición. La reunión entre los protestantes y los enviados imperiales fue, en el mejor de los casos, tensa y estresante. No contento con las respuestas, uno de los protestantes sacó su pistola y disparó al aire. Dos de los cuatro enviados imperiales fueron especialmente despreciados por los protestantes bohemios, Guillermo Slavata y Jaroslav Martinic. Los otros dos fueron expulsados de la sala de negociaciones, y los protestantes se quedaron solos con los que percibían como sus archienemigos.

Los protestantes relataron todas las fechorías cometidas por Slavata y Martinic contra los protestantes. La multitud se enfureció cada vez más y la gente pronto empezó a gritar y a pedir castigo. Los dos, así como un secretario, fueron arrojados por la ventana. A pesar de caer unos quince metros, sobrevivieron. Martinic y el secretario sufrieron heridas leves, y Slavata se hizo una herida en la cabeza. Los tres consiguieron escapar de los asaltantes.

Defenestración de Praga por Johann Philipp Abelinus[24]

Martinic regresó a Alemania, donde contó a todo el mundo la violencia de la que habían sido objeto él y sus compañeros. De vuelta en Bohemia, la gente se estaba armando contra el ejército imperial, reuniendo rápidamente unos cuatro mil hombres[i]. Ahora las tornas habían cambiado y los protestantes empezaron a presionar a los católicos de Bohemia.

El gobierno de los Habsburgo no estaba precisamente en condiciones de sofocar rápidamente esta rebelión. El gobierno estaba casi siempre muy endeudado y sus fuerzas vigilaban las fronteras del vasto imperio. Los rebeldes bohemios tuvieron algún tiempo para establecer su dominio. En 1618, Federico de Palatinado, un calvinista alemán, aceptó la corona de Bohemia, convirtiéndose en la persona más odiada entre los católicos alemanes. En 1619, el líder de la revuelta, Thurn, ordenó a las fuerzas bohemias que entraran en Moravia, una región checa que vacilaba entre los imperialistas y los protestantes. Thurn se volvió entonces hacia Viena, sitiándola en 1619. Sin embargo, los refuerzos españoles que ayudaban al Sacro Imperio Romano Germánico detuvieron este asedio. Otro ejército amigo de los protestantes bohemios, el ejército mercenario de Mansfield, fue derrotado por los imperialistas, lo que llevó a Thurn a retirarse a Bohemia. Los bohemios volvieron a asediar Viena en 1620, pero fue en vano. Las acciones militares, unidas a la proximidad del invierno y al abandono general del ejército, agotaron a los soldados bohemios, diezmados por las enfermedades, el frío y la falta de artículos de primera necesidad.

Esto preparó el terreno para el último y decisivo fracaso de la rebelión en Bohemia. En 1620, los imperialistas aplastaron finalmente la revuelta, aunque las semillas de la disidencia ya estaban sembradas en toda Europa. No tardarían en surgir conflictos en otros lugares.

Guerra de los Treinta Años: Los beligerantes

Hay que subrayar desde el principio que la guerra de los Treinta Años no fue ni una guerra puramente religiosa ni puramente política. Por un lado, teníamos a Francia, los Países Bajos, los reinos escandinavos, Bohemia, los cantones suizos, los príncipes protestantes alemanes, Venecia y Hungría. Se trataba de un grupo muy diverso. Francia, por ejemplo, era, estrictamente hablando, un país católico, y

---

[i] Mortimer G. The Origins of the Thirty Years War and the Revolt in Bohemia, 1618. Springer; 2015, 11 de agosto.

Venecia también lo era, al menos hasta cierto punto, pero optaron por ponerse del lado de los protestantes debido a sus enemistades con los Habsburgo católicos de Alemania y España.

Por otro lado, teníamos el Sacro Imperio Romano Germánico católico, España, los estados italianos y Polonia[i]. La guerra de los Treinta Años también tenía raíces económicas y constitucionales. La edad moderna había comenzado y el feudalismo estaba en su lecho de muerte. Sin embargo, Europa no pasó simplemente de la edad medieval al modernismo en quince días. Fue un proceso gradual que se extendió de forma desigual por toda Europa. Hubo centros de todo tipo de reformas y hubo centros de conservadurismo. En general, en la guerra de los Treinta Años, un bando (Bohemia, los Países Bajos, Escandinavia, etc.) buscaba más cambios políticos, religiosos y económicos, mientras que el otro bando (el Sacro Imperio Romano Germánico, España, Polonia, etc.) buscaba minimizar estos cambios y volver al sistema feudal en la medida de lo posible. En cierto modo, la religión estaba en medio de todo este proceso. El protestantismo era la religión de los ciudadanos ricos y educados de clase media, que por cierto eran los más propensos a buscar cambios profundos en las naciones en las que vivían.

Sin embargo, las cosas no eran tan sencillas. Francia, un reino católico con una importante minoría protestante, se puso del lado de los protestantes debido a su animadversión hacia España y Alemania. Los estados italianos, posiblemente de los más desarrollados de Europa en aquella época, se pusieron del lado de España y Alemania, ayudándoles a mantener un sistema político muy alejado del que disfrutaban los numerosos estados italianos semindependientes. Venecia es un buen ejemplo. Estuvo en muy malos términos con España y el Sacro Imperio Romano Germánico durante la guerra de los Treinta Años, a pesar de compartir la misma fe católica.

La guerra de los Treinta Años: Profundizando en el caos

Tras la derrota de Bohemia, los católicos de Alemania se envalentonaron y amenazaron con reprimir las libertades de las que disfrutaban los protestantes en regiones como Sajonia y Brandeburgo. El rey de Dinamarca, Cristián IV, tenía intereses en estas regiones, ya que estaba estrechamente vinculado con los aristócratas que detentaban estas

---

[i] POLIŠENSKÝ, Josef V. The Thirty Years' War. Past & Present, 1954, 6: 31-43.

zonas. Aunque Cristián IV era protestante, no estaba realmente interesado en unirse al conflicto hasta que se dio cuenta de que sus tierras en Sajonia y Brandeburgo estaban en peligro porque la Liga Católica quería apoderarse de ellas[i].

Los daneses intentaron tomar el control de lo que percibían como su tierra en Alemania en 1625. Sin embargo, pronto se vieron superados por el ejército imperial y se vieron obligados a retirarse. El orgullo danés se salvó gracias a la feroz resistencia de sus tropas, pero Cristián IV nunca consiguió salvar su propia reputación a pesar de firmar una paz bastante favorable con el Sacro Imperio Romano Germánico en 1629.

La intervención sueca en Alemania tuvo mucho más éxito que la danesa. Este añadido a la guerra de los Treinta Años se produjo gracias a la diligente labor diplomática de los franceses. Anunciados por el taimado y codicioso cardenal Richelieu, los franceses lograron aplacar las animosidades entre Polonia y Suecia y convencer después a Suecia para que se uniera a la guerra contra el Sacro Imperio Romano Germánico. En breve nos ocuparemos del bando francés y del increíblemente interesante cardenal Richelieu.

Los suecos se vieron empujados a actuar debido a sus intereses territoriales expansionistas. También estaban sinceramente preocupados por sus libertades religiosas si el Sacro Imperio Romano Germánico lograba suprimir completamente a los protestantes. Los suecos se asustaron al ver a los daneses casi completamente aplastados por los alemanes[ii].

Con la entrada de Suecia, el conflicto que comenzó en Bohemia y se desplazó hacia el norte de Alemania, cerca del mar Báltico y Dinamarca, se fue internacionalizando cada vez más. La guerra estaba arrastrando aún más a Francia a un conflicto tanto con España como con el Sacro Imperio Romano Germánico. Suecia consiguió que la ciudad de Magdeburgo se uniera a su causa en 1631, y tomó posiciones importantes en Pomerania.

El sitio de Magdeburgo fue un acontecimiento relevante en la guerra de los Treinta Años. Los suecos se dirigían a Magdeburgo, donde se

[i] Lockhart, Paul Douglas. Political Language and Wartime Propaganda in Denmark, 1625-1629. European History Quarterly, 2001, 31.1: 5-42.
[ii] Davis TM. The Swedish Intervention: How the Thirty Years' War Became International. The Alexandrian. 2017;6(1).

había instalado un político amigo. Sin embargo, las fuerzas suecas no fueron lo suficientemente rápidas para capturar Magdeburgo, y la ciudad cayó en manos de las fuerzas imperiales el 20 de mayo de 1631. Los imperiales saquearon la ciudad, lo que únicamente favoreció la causa sueca dentro del Sacro Imperio Romano Germánico. Varios príncipes fueron persuadidos de unirse al bando sueco.

El jefe de la región de Sajonia, Juan Jorge, se alió inmediatamente con el rey Gustavo Adolfo de Suecia. Ambos combinaron sus ejércitos para formar una fuerza formidable capaz de hacer frente al poderío imperial. Los ejércitos combinados de Sajonia y Suecia se enfrentaron a los imperiales cerca del pueblo de Breitenfeld. Curiosamente, los suecos fueron capaces de derrotar a los imperiales, a pesar de que los sajones huyeron del campo de batalla poco después de que esta comenzara. Esta victoria atrajo aún más apoyo a la causa sueca dentro del Sacro Imperio Romano Germánico. En 1632, las fuerzas suecas fueron capaces de tomar vastas zonas del norte de Alemania, prácticamente sin oposición.

Gustavo Adolfo por Johann Jakob Walter[25]

La batalla de Lützen muestra lo encarnizadas que fueron las batallas durante la guerra de los Treinta Años. Los suecos ganaron por poco, pero su rey, Gustavo Adolfo, murió en la batalla. Recientemente se ha encontrado una fosa común de esta batalla, y estaba llena de esqueletos de aquellos que presumiblemente murieron durante la batalla. Proporcionó una buena oportunidad para aprender sobre el tipo de personas que participaron en la batalla, como por ejemplo la edad que tenían[i]. Se descubrió que la víctima más joven de esta fosa tenía unos quince años, mientras que la más vieja rondaba los cincuenta. La mayoría había muerto debido a traumatismos infligidos por armas basadas en proyectiles (artillería o cañones), pero había algunos signos de heridas infligidas por armas blancas, que todavía se utilizaban mucho en el siglo XVII. El ejército sueco era algo más numeroso que el alemán, aunque por muy poco.

Antes de los combates, las fuerzas de Gustavo Adolfo, ayudadas por los sajones, se enfrentaron a las fuerzas alemanas dirigidas por Albrecht von Wallenstein en una tarde de niebla, lo que hizo casi imposible la navegación y obligó a los dos ejércitos a esperar un poco antes de atacarse mutuamente. Hacia el mediodía, llegaron refuerzos alemanes en forma de unidades de caballería, que consiguieron hacer retroceder a los suecos e infligirles graves daños. A partir de entonces, la batalla se degradó hasta convertirse en una especie de batalla campal. La visibilidad volvió a verse mermada debido a la densa humareda provocada por los disparos, lo que hizo inútil cualquier intento de hacerse con el control de los ejércitos. Solo podemos imaginar lo difícil que era establecer el control sobre las diferentes unidades de un gran ejército en el siglo XVII, y mucho menos hacerlo con poca visibilidad.

Gustavo Adolfo prácticamente se perdió en el campo de batalla y se topó con la caballería enemiga. Fue prontamente asesinado. Curiosamente, la muerte de Gustavo Adolfo no destruyó por completo la moral entre las tropas suecas, y los alemanes ni siquiera creyeron que el rey sueco hubiera sido asesinado. Los refuerzos alemanes también llegaron tarde al campo de batalla, llegaron a altas horas de la noche y solo tuvieron la opción de cubrir la retirada de sus compañeros, que volvían a Leipzig. Los suecos permanecieron en el campo de batalla y pudieron recuperar el cuerpo de su rey.

Las pérdidas fueron cuantiosas en ambos bandos, ya que los dos ejércitos perdieron alrededor de cinco mil o seis mil soldados. Sin embargo, los suecos se llevaron la victoria moral, demostrando a toda Europa que el Sacro Imperio Romano Germánico y la Iglesia católica estaban lejos de ser invencibles.

---

[i] Nicklisch N, Ramsthaler F, Meller H, Friederich S, Alt KW. The face of war: Trauma analysis of a mass grave from the Battle of Lützen (1632). PLoS One. 2017, 22 de mayo; 12(5):e0178252.

Esto precipitó la entrada definitiva de Francia en la escena de la guerra de los Treinta Años. Viendo los frutos de sus esfuerzos anteriores, Francia, dirigida por el cardenal Richelieu, entró en la guerra en 1635. Centrémonos por un momento en esta gran personalidad, ya que fue tan importante para el desarrollo de la guerra de los Treinta Años y entró a formar parte de la cultura popular europea a través de obras como *Los tres mosqueteros.*

Los comienzos de Richelieu fueron bastante modestos. Aunque era un noble menor de nacimiento, Armand Jean du Plessis (más tarde I duque de Richelieu) conoció muchas penurias en sus primeros años de vida en la región francesa de Poitou. La región y, de hecho, la mayor parte de Francia en la época de su nacimiento (1585) habían sido asoladas por años de conflicto entre los hugonotes protestantes y los católicos franceses[i].

La violencia no solo rodeaba a Richelieu; también estaba muy arraigada en su familia. El padre de Richelieu, François, se había visto envuelto en una disputa de sangre cuando solo tenía diecisiete años. A raíz de una antigua disputa entre la familia de Richelieu (du Plessis) y sus vecinos, los Mausson, sobre quién iba a controlar su iglesia local, el tío de François fue asesinado. François preparó entonces cuidadosamente una venganza contra el jefe de la familia Mausson, asesinándolo en una emboscada. François ascendió en la jerarquía real francesa gracias a su implacabilidad y disciplina, convirtiéndose en un importante

El cardenal Richelieu por Philippe de Champaigne [26]

comandante y verdugo de los reyes franceses Enrique III y Enrique IV.

Sin embargo, François murió cuando Richelieu solo tenía cinco años, dejando a su esposa al cuidado de la familia en tiempos sumamente amargos. Richelieu vaciló entre una carrera militar o eclesiástica antes de

---

[i] Rehman I. Raison d'Etat: Richelieu's Grand Strategy during the Thirty Years' War (mayo de 2019). Texas National Security Review. 2019.

decantarse finalmente por la carrera eclesiástica cuando se hizo con el control del obispado de Luçon. El hermano mayor de Richelieu se hizo monje de la Orden de los Cartujos, renunciando al cargo eclesiástico de Luçon que la familia le había designado en un principio.

Gracias a la astucia, la autodisciplina y el intelecto superior de Richelieu, fue ascendiendo poco a poco en el escalafón. Inspirado más por la estrategia de Maquiavelo que por las obras clásicas (Richelieu dominaba el griego y el latín), sabía de qué lado ponerse. Por ejemplo, se abrió camino en el entorno de Concino Concini (ministro del rey), muy admirado por la reina madre, Marie de Médici. Concino ascendió a Richelieu al cargo de secretario de Estado en 1616, pero no pudo hacer mucho más por Richelieu, ya que fue asesinado al año siguiente. El asesinato era un instrumento muy utilizado en aquella época. En las décadas que precedieron a la ascensión de Richelieu, cuatro reyes franceses fueron asesinados, lo que contribuyó en gran medida al caos general del Estado, algo que plagó la conciencia y el orgullo de Richelieu como francés[i].

El caos y la percepción de decadencia general de Francia, especialmente en comparación con los Habsburgo, que consiguieron rodear casi por completo a Francia, precipitaron el ascenso de Richelieu y el uso de tácticas tortuosas. A diferencia de lo que se ha pintado en las obras de la cultura popular, Richelieu no era necesaria o exclusivamente un hombre ávido de poder que haría cualquier cosa para aumentar su influencia y dominio. Richelieu era, ante todo, un nacionalista. Quería devolver a Francia su gloria. Este deseo de revigorizar el ya herido orgullo nacional francés explica muy bien la táctica de Richelieu de «el fin justifica los medios». Richelieu, por ejemplo, sabía que Francia era demasiado débil para enfrentarse directamente a España o al Sacro Imperio Romano Germánico en el momento de su ascensión al cargo de ministro principal (el consejero más cercano del rey y su segundo al mando). Así pues, trabajó contra los Habsburgo incitando a otros reinos a luchar contra ellos y consiguió atraer a Suecia al conflicto. Esto no solo dio a Francia más tiempo para recuperarse de décadas de calamidades y luchas internas, sino que también debilitó al principal adversario de Francia.

Mientras Suecia luchaba contra Alemania, Francia estaba ocupada construyendo una poderosa armada que podía suponer una amenaza

---

[i] Ibid.

significativa para los españoles. Richelieu también construyó una poderosa fuerza diplomática. Varios emisarios franceses cruzaron Europa, buscando atraer a nuevos actores al conflicto contra los Habsburgo y plantar semillas de desunión dentro de España y Alemania. Los movimientos secesionistas de Cataluña y Portugal recibieron un importante respaldo de Francia, al igual que los príncipes alemanes rebeldes.

En Francia, Richelieu consiguió reprimir a los hugonotes, un numeroso grupo calvinista-protestante en Francia, con una combinación de razón e implacabilidad. Inicialmente moderado con los hugonotes y partidario de su conversión al catolicismo mediante la persuasión racional, con el paso de los años, Richelieu se convirtió en partidario de una confrontación militar más directa con los hugonotes, que se tradujo en la victoria final de los católicos franceses en 1627, cuando se tomó la ciudad de La Rochelle, en manos de los hugonotes. Richelieu fue también un político con visión de futuro. En 1626 ordenó la destrucción de la mayoría de las fortalezas francesas (salvo las situadas en las fronteras) en un intento de unificar a la nobleza francesa, desalentando las luchas internas. Era menos probable que los condes, príncipes y duques lucharan entre sí si no tenían un lugar seguro al que retirarse. Además, en 1627, Richelieu ordenó la prohibición de los duelos, lo que diezmó a la élite y complicó la cuestión de la sucesión y la herencia.

El cardenal persuadió constantemente a la gente dentro de Francia de que una guerra contra España, implícita o explícita, era más favorable para Francia que una alianza. Aquellos que querían ponerse del lado de Francia y poner fin a su alianza con las naciones protestantes se dejaron influir por una poderosa maquinaria propagandística. Muchos escritores clamaron contra el trato inhumano de España a las poblaciones indígenas. El propio Richelieu era partidario de un enfoque más humano e ilustrado para asimilar a los pueblos indígenas al modo de vida francés en las colonias francesas. El catolicismo de los españoles, uno de los pocos lazos entre España y Francia, se vio así socavado. Cualquiera que estuviera a favor de una alianza con España con el pretexto del catolicismo recibía este contundente contraargumento.

Finalmente, Richelieu abrió la Académie Française y la Imprimerie Royale, dos instituciones que estaban bajo el cuidadoso control de la corte real.

Estos y otros sofisticados métodos abarcaron el periodo de participación de Francia en la guerra de los Treinta Años, conocida como la *guerre couverte* («guerra encubierta»). En 1635, Suecia había debilitado considerablemente al Sacro Imperio Romano Germánico. Richelieu reconoció que había llegado el momento de convertir la *guerre couverte* en *guerre ouverte* («*guerra* abierta»)[i]. Los suecos no podían enfrentarse solos a los Habsburgo. A pesar de luchar valientemente, sufrieron varias derrotas. Ahora, los suecos y los holandeses presionaban a Francia para que saliera de las sombras y se enfrentara a los españoles y a los alemanes en campo abierto. Para entonces, Francia había acumulado hasta 200.000 hombres, un ejército formidable en comparación con lo que los franceses habían sido capaces de sacar apenas unas décadas antes.

Sin embargo, la *guerre ouverte* no fue simplemente una guerra de armas. Fue también una guerra de propaganda. Justo antes del estallido de las hostilidades, Richelieu envió muchos enviados por toda Europa, con la esperanza de dar forma a la narrativa sobre el inminente conflicto. Francia, por supuesto, se mostraba como protectora de las virtudes más nobles. España era un malvado reino colonialista, solo superficialmente cristiano. En 1625, las «barbáricas» tropas españolas atacaron la ciudad francesa de Tréveris, masacrando a todo el que se encontraba en su interior. Los españoles fueron pintados como un pueblo que competía constantemente por la supremacía en Europa, amenazando las libertades básicas de las poblaciones europeas.

En 1635, Francia tuvo cierto éxito, derrotando a los españoles en Les Avins. Un año más tarde, el Sacro Imperio Romano Germánico se vio arrastrado al conflicto, y Francia se enfrentó a una guerra en dos frentes. Esto resultó desastroso para Francia, ya que sus enemigos consiguieron penetrar profundamente en su territorio, llegando a estar a unos sesenta kilómetros de París. Este fue probablemente el punto más bajo de la carrera de Richelieu. Se sumió en una profunda depresión. Parecía darse por vencido e incluso intentó dimitir. Sin embargo, no se le permitió, y Richelieu se vio literalmente obligado a seguir adelante y volver al trabajo. Se ordenó la movilización general en Francia, dirigida por el fogoso y belicoso rey Luis XIII. Por suerte para los franceses, las fuerzas invasoras del norte de Francia estaban peligrosamente sobrecargadas, y hacer retroceder a las fuerzas hacia Alemania no fue tan difícil como podría haber parecido en un principio.

---

[i] Ibid.

Una guerra prolongada favoreció a los franceses, que tenían más población que España o el Sacro Imperio Romano Germánico. Los franceses consiguieron hacer retroceder poco a poco a los españoles y alemanes e incluso cruzaron a sus territorios. Sin embargo, las poco experimentadas tropas francesas no estaban acostumbradas a luchar en territorio extranjero. Richelieu resolvió este problema contratando mercenarios para luchar en el extranjero y manteniendo el grueso de las fuerzas nacionales en Francia.

Elegimos centrarnos en el papel de Francia en la guerra de los Treinta Años porque desplazó decididamente el equilibrio de poder de los Habsburgo hacia el bloque franco-protestante. Aunque los alemanes consiguieron finalmente traer la paz religiosa a su imperio en 1635, mediante la Paz de Praga, no fueron capaces de proporcionar un respaldo significativo a sus aliados españoles y tuvieron que lidiar sobre todo con las constantes incursiones suecas en el norte de Alemania. Francia mantuvo ocupados a los españoles y también causó algunos problemas al ejército imperial. Los franceses proporcionaron suficiente espacio para que los holandeses dispusieran de una poderosa flota y hostigaran constantemente a los españoles, ya fuera en Europa o en colonias lejanas. Los holandeses fueron capaces de frenar las acciones navales españolas en las colonias, rompiendo constantemente su cadena de suministros.

Aunque el poder de los suecos estaba muy debilitado en 1634, lo que llevó a Francia a entrar en la guerra, en pocos años, los suecos consiguieron recuperarse y volvieron a la senda de la victoria. En 1639, los suecos estaban de nuevo en Alemania, penetrando profundamente en territorio enemigo desde sus bases del mar Báltico en el norte de Alemania. Tras llegar a Sajonia, su avance fue detenido cerca de Chemnitz por fuerzas sajonas dirigidas por Rodolfo von Marzin. Los suecos infligieron una aplastante derrota a los sajones en 1639, abriendo el camino hacia Bohemia.

La victoria naval holandesa en Downs (el canal de la Mancha) sobre la Armada española en 1639 y otra victoria cerca de la costa brasileña de Pernambuco en 1640, contribuyeron al desmoronamiento del dominio naval español y marcaron una ruptura simbólica del poder español. Estas derrotas anunciaron los problemas españoles en casa; tanto Portugal como Cataluña comenzaron a rebelarse por las duras condiciones de vida y los elevados impuestos.

Durante varios años se produjeron duros combates y las fuerzas alemanas y españolas fueron poco a poco derrotadas. La intervención sueca volvió a ser crucial. Lennart Torstensson condujo al ejército sueco a múltiples victorias en 1642, la más importante en la segunda batalla de Breitenfeld, donde perecieron unos diez mil soldados imperiales. Leipzig cayó pronto bajo la presión sueca.

A estas alturas, había quedado claro que los Habsburgo, a todos los efectos, habían perdido la guerra. La única cuestión era cuánto territorio perderían. Ni siquiera la guerra entre Suecia y sus vecinos, Noruega y Dinamarca, pudo frenar seriamente la descomposición de los Habsburgo. En 1646, los franceses y los suecos fueron capaces de machacar aún más a los imperialistas, y Sajonia decidió abandonar la guerra.

El final de la guerra no llegó sin algunas sorpresas. El sucesor de Richelieu, el cardenal Mazarino, intentó llegar a un acuerdo secreto con España, por el que esta retiraría completamente sus pretensiones sobre Cataluña, ahora ocupada por los franceses. A cambio, los franceses cederían los Países Bajos a España. Esta oferta secreta se hizo pública, enfadando a los franceses e incitando a los holandeses a buscar una paz por separado con los españoles en 1647.

En 1648, comprendiendo que el final de la guerra estaba cerca, los suecos intentaron apoderarse de Praga, esperando un botín abundante y una posición aún más favorable para las conversaciones de paz que se estaban llevando a cabo en ese momento. No pudieron capturar toda Praga, pero asaltaron varios castillos, monasterios y edificios, llevándose documentos históricos y obras de arte.

Las conversaciones de paz que tuvieron lugar durante el sitio de Praga en 1648 se conocen ahora como la Paz de Westfalia. La guerra que comenzó en 1618 en Praga terminó con el asedio de Praga en 1648. Los holandeses negociaron una paz por separado con España en lo que hoy se conoce como el Tratado de Münster; la paz entre Francia y el Sacro Imperio Romano Germánico también se logró en Münster. Los suecos arreglaron las cosas con el Sacro Imperio Romano Germánico en el Tratado de Osnabrück.

Las consecuencias más importantes de la Paz de Westfalia son las siguientes:

1. Los Países Bajos obtuvieron la independencia de facto, aunque algunas zonas, como Amberes, seguirían bajo mando español.

2. El Sacro Imperio Romano Germánico se comprometió a conceder libertad religiosa a sus súbditos; más concretamente, los luteranos obtuvieron prácticamente los mismos derechos que los católicos. El calvinismo fue reconocido oficialmente como religión legal.

3. El *cuius regio, eius religio* de las conversaciones de Passau y Augsburgo de cien años antes se reafirmó con un añadido importante: los súbditos no tenían por qué seguir las confesiones religiosas de sus líderes.

4. La fecha definitoria para la división de la propiedad eclesiástica fue el 1 de enero de 1624. Todos los cambios que se hubieran realizado después de esta fecha tuvieron que ser revertidos.

5. Francia recibió territorios alrededor de Toul, Verdun y Metz, así como Pignerol en Italia y Decapole en Alsacia.

6. Suecia recibió Pomerania Occidental, una región del norte de Alemania.

7. Los suizos obtuvieron la independencia formal[i].

La Paz de Westfalia marcó el fin definitivo del Sacro Imperio Romano Germánico. Los estados alemanes quedaron fuertemente fragmentados, al igual que había ocurrido durante el final del Imperio romano. Los Habsburgo seguían disfrutando del poder en España y Austria. Consiguieron entrar en la Edad Moderna, aunque no puede decirse lo mismo del Sacro Imperio Romano Germánico.

Nunca se insistirá lo suficiente en que el Sacro Imperio Romano Germánico nunca consiguió salir de la época medieval. Fue un Estado medieval *por excelencia*. Como sus dirigentes no quisieron o no pudieron transformar el Sacro Imperio Romano Germánico en un imperio moderno, fracasó bajo el peso de los conflictos religiosos, políticos y económicos que trajo consigo la edad moderna. Los alemanes, divididos en una multitud de estados más pequeños o más grandes, dirigidos por señores casi feudales y divididos por la religión,

---

[i] GROSS, Leo. The Peace of Westphalia, 1648-1948. *American Journal of International Law*, 1948, 42.1: 20-41.

con dialectos diversos y tradiciones diferentes, tuvieron que esperar un poco más para unificarse bajo la bandera de una nación, una lengua y una cultura.

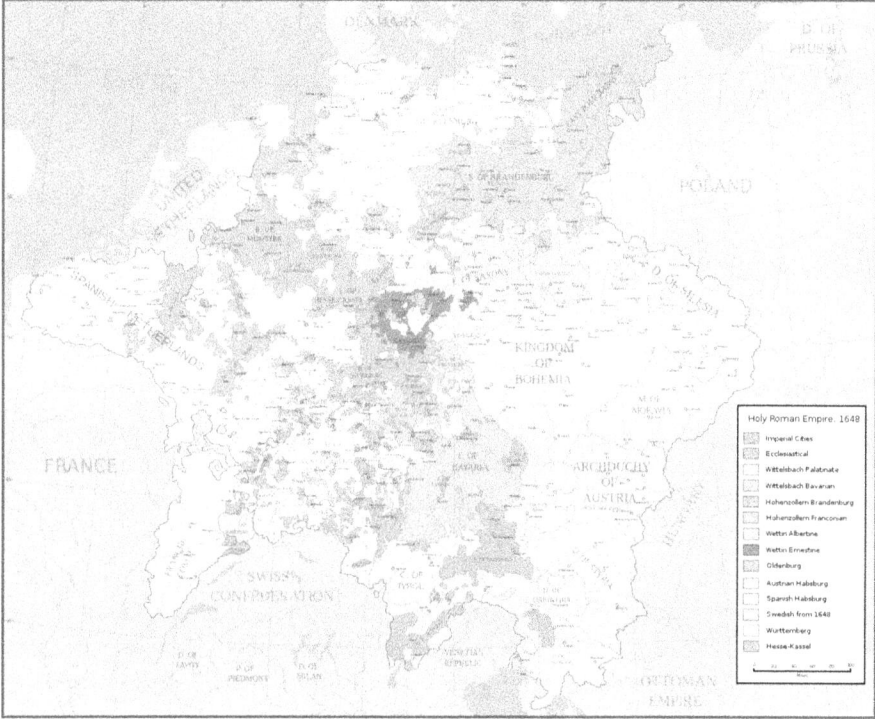

El Sacro Imperio Romano Germánico tras la Paz de Westfalia [27]

Conclusión

Tras la Paz de Westfalia, el Sacro Imperio Romano Germánico se hundió lenta pero inexorablemente. Mientras Francia se imponía, con Luis XIV y su increíblemente largo reinado, y los Habsburgo construían lentamente una fortaleza en Austria que acabaría convirtiéndose en su próximo imperio, los restos del Sacro Imperio Romano Germánico siguieron deteriorándose. En los 150 años que siguieron a la Paz de Westfalia, el Sacro Imperio Romano Germánico contaba formal y simbólicamente con un emperador que solo podía soñar con el poder y la influencia de los que gozaron Barbarroja o los primeros Habsburgo.

Pero como todos los grandes imperios, el Sacro Imperio Romano Germánico llegó a su fin. Fue destruido por el efímero Imperio francés y el brillante Napoleón Bonaparte. El emperador del Sacro Imperio Romano Germánico, Francisco II, tuvo la increíble tarea de mantener el imperio a flote mientras se enfrentaba al fervor revolucionario francés, canalizado por el genio estratégico de Napoleón[i]. Incapaz de contrarrestar a Napoleón en el campo de batalla, Francisco II intentó un contraataque simbólico. En 1804, proclamó la formación del Imperio austriaco.

No es una coincidencia que a principios de 1804, Napoleón se proclamara el primer emperador francés. Francisco II tuvo claro que los días del Sacro Imperio Romano Germánico estaban contados tras ver

---

[i] EVANS, Robert; WILSON, Peter (ed.). The Holy Roman Empire, 1495-1806: A European Perspective. Brill, 2012.

---

los éxitos iniciales de Napoleón. Al formar el Imperio austriaco, donde la dinastía de los Habsburgo tendría el punto de apoyo más fuerte, Francisco II se aseguró de que su familia siguiera disfrutando del poder imperial, incluso después de la disolución del Sacro Imperio Romano Germánico. Además, el Imperio austriaco, en cierto modo, heredó el encanto y el orgullo del Sacro Imperio Romano Germánico, convirtiéndose en el Estado alemán más poderoso del siglo XIX, al menos antes de la formación del Imperio alemán a finales del siglo XIX.

Tras la batalla de Austerlitz en 1806, Francisco II disolvió formalmente el Sacro Imperio Romano Germánico. Es probable que Francisco II temiera que Napoleón se coronara emperador del Sacro Imperio Romano Germánico y le arrebatara esta oportunidad. La Confederación del Rin (Alemania Occidental, a grandes rasgos) fue establecida por Napoleón, que fue el protector de la confederación.

El Sacro Imperio Romano Germánico, siempre oscilando entre la fragmentación y la unidad, finalmente dejó de existir. Sin embargo, el deseo del pueblo alemán de unirse bajo un solo estandarte seguiría vivo. La desintegración del Imperio francés dejaría espacio suficiente para que los alemanes se reagruparan y recuperaran su fuerza, lo que culminaría con la proclamación del Imperio alemán en 1871.

Es difícil describir la importancia del Sacro Imperio Romano Germánico en la historia. Con el declive del Imperio bizantino a finales de la Edad Media, el Sacro Imperio Romano Germánico tomó el estandarte y lideró Europa, permitiendo el lento pero progresivo ascenso del cristianismo y las culturas occidentales. Los emperadores del Sacro Imperio Romano Germánico actuaron como protectores de la Iglesia, sin la cual no habrían existido cosas como el Renacimiento o la Edad Moderna. Puede parecer un poco sorprendente que establezcamos una especie de continuidad entre el periodo moderno y el Sacro Imperio Romano Germánico, señalando el papel del imperio en la protección de la iglesia. Después de todo, la iglesia hizo muchas cosas malas durante la época medieval. Sin embargo, la iglesia también permitió que se realizaran esfuerzos culturales y garantizó al menos algún tipo de educación.

La Iglesia romana proporcionó una estructura muy necesaria en un mundo plagado de guerras, enfermedades y hambrunas. También proporcionó una estructura contra la que rebelarse. De las profundidades del Sacro Imperio Romano Germánico surgieron nuevos tipos de personas, gente dispuesta a criticar a la Iglesia y a hacer del mundo un lugar mejor. Sin el Sacro Imperio Romano Germánico, probablemente no habríamos tenido la Reforma, y sin la Reforma, Europa y el mundo serían totalmente diferentes. La ética protestante, según el sociólogo alemán Max Weber, dio lugar a un tipo especial de sistema económico que hoy conocemos como capitalismo.

El Sacro Imperio Romano Germánico fue también, en cierto modo, un reflejo del deseo del pueblo alemán de unirse bajo un único Estado. Sin embargo, la idea misma del Sacro Imperio Romano Germánico era supraétnica y supranacional; es mucho más antigua que la idea de naciones, que es la base del orden mundial moderno. El Sacro Imperio Romano Germánico era, en sentido estricto, un imperio medieval basado en ideales romanos mucho más antiguos y, por esa razón, se consideró que fracasaría cuando Europa alcanzara la modernidad. Esto significó que otras naciones que fueron más rápidas en comprender el poder que había detrás de los Estados-nación y en adoptar constituciones republicanas, como Francia y el Reino Unido, asumieron la primacía en Europa y en todo el mundo en el siglo XIX.

Cuando los alemanes despertaron por fin de su sueño y se unificaron en 1871, se dieron cuenta de que tenían que luchar con una Francia y un Reino Unido cada vez más poderosos. Lo que los alemanes percibieron como una falta de equilibrio dentro de Europa condujo finalmente a la Primera Guerra Mundial en 1914. Aunque algunos creen que esta guerra fue causada por el asesinato del archiduque Francisco Fernando en Sarajevo, en realidad fue un proceso extremadamente largo que comenzó con la disolución del Sacro Imperio Romano Germánico.

El Sacro Imperio Romano Germánico, por lo tanto, es fundamental para comprender algunos de los acontecimientos ocurridos hace relativamente poco tiempo, como la Gran Guerra. También es bien sabido que Hitler se refería a su Estado como el Tercer Reich, sucesor del Sacro Imperio Romano Germánico (el Primer Reich) y del efímero Imperio alemán (el Segundo Reich). La obsesión de Hitler por la historia alemana y los acontecimientos de los siglos XIX y principios del XX que vieron menguar la influencia alemana en Europa lo impulsaron a promover una ideología radical destinada a devolver a Alemania al primer plano de la historia. No es casualidad que una de las mayores ofensivas militares de la historia se llamara Operación Barbarroja.

Afortunadamente, la nación alemana sobrevivió a la visión pervertida de Hitler del Tercer Reich y sigue existiendo hoy en día, guiando a Europa hacia una nueva era.

Vea más libros escritos por Enthralling History

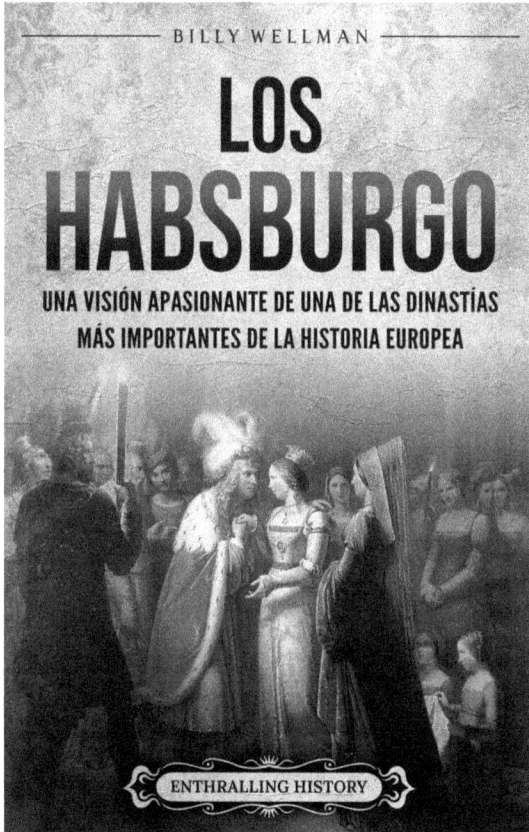

Referencias

Heather, Peter. Empires and barbarians: The fall of Rome and the birth of Europe. Oxford University Press, 2010.

Contreni, John J. "Introduction: The Merovingian Kingdoms, 450-751". French Historical Studies 19, nro. 3 (1996): 755.

Barbero, Alessandro. Charlemagne: Father of a continent. University of California Press, 2018.

Joranson, Einar. "The Dissolution of the Carolingian Fisc in the Ninth Century". (1936): 545-547.

Merlo, Brian. "Pope John X and the End of the Formosan Dispute in Rome". PhD diss., Saint Louis University, 2018.

Ganshof, François Louis. Feudalism. Vol. 34. University of Toronto Press, 1996.

MacLean, Simon. "History and politics in late Carolingian and Ottonian Europe: the Chronicle of Regino of Prüm and Adalbert of Magdeburg". En History and politics in late Carolingian and Ottonian Europe. Manchester University Press, 2013.

HAUFF, Andrea. The Kingdom of Upper Burgundy and the East Frankish Kingdom at the beginning of the 10th century. *History Compass*, 2017, 15.8: e12396.

BACHRACH, David Stewart. Milites and Warfare in Pre-Crusade Germany. *War in History*, 2015, 22.3: 298-343.

BACHRACH, David. Exercise of royal power in early medieval Europe: the case of Otto the Great 936-73. *Early Medieval Europe*, 2009, 17.4: 389-419.

BACHRACH, David S. Early Ottonian Warfare: The Perspective from Corvey. *Journal of Military History*, 2011, 75.2.

WILSON, Joseph. Holy Anointment and Realpolitik in the Age of Otto I. 2015.

Robbie, Steven. "Can silence speak volumes? Widukind's Res Gestae Saxonicae and the coronation of Otto I reconsidered". Early Medieval Europe 20, nro. 3 (2012): 333-362.

Poole, Reginald L. "The names and numbers of medieval popes". The English Historical Review 32, nro. 128 (1917): 465-478.

Grabowski, Antoni. "Liudprand of Cremona's papa monstrum: The Image of Pope John XII in the Historia Ottonis". Early Medieval Europe 23, nro. 1 (2015): 67-92.

Brook, Lindsay. "Popes and Pornocrats: Rome in the early middle ages". Foundations 1, nro. 1 (2003): 5-21.

Roach, Levi. "The Ottonians and Italy". German History 36, nro. 3 (2018): 349-364.

Osborne, John. "The dower charter of Otto II and Theophanu, and the Roman scriptorium at Santi Apostoli". Papers of the British School at Rome 89 (2021): 137-157.

Welton, Megan, y Sarah Greer. "Establishing Just Rule: The Diplomatic Negotiations of the Dominae Imperiales in the Ottonian Succession Crisis of 983–985". Frühmittelalterliche Studien 55, nro. 1 (2021): 315-342.

Zeller, Jules. L'empire germanique et l'Eglise au Moyen-Age: les Henri. Vol. 3. Didier, 1876.

Morrison, Karl F. "Canossa: A Revision". Traditio 18 (1962): 121-148.

De Mesquita, Bruce Bueno. "Popes, Kings, and endogenous institutions: The Concordat of Worms and the origins of sovereignty". International Studies Review 2, nro. 2 (2000): 93-118.

Roche, Jason T. "King Conrad III in the Byzantine Empire: a foil for native imperial virtue". (2015).

Weiler, B. (2009). The King as judge: Henry II and Frederick Barbarossa as seen by their contemporaries. En Challenging the boundaries of medieval history: the legacy of Timothy Reuter (págs. 115-140).

Velov, Ivana. Literary and Historical Interpretation of Frederick Barbarossa's Conquest of the Italian Communes: Analysis of the Events and Personalities Described in the Novel "Baudolino" by Umberto Eco. ДИПЛОМАТИЈА И БЕЗБЕДНОСТ, 249.

FRANKE, Daniel. From Defeat to Victory in Northern Italy: Comparing Staufen Strategy and Operations at Legnano and Cortenuova, 1176-1237. Nuova Antologia Militare, 2021, 2.5: 27.

Friederich A. Warlord or Financial Strategist: Frederick Barbarossa. Johns Hopkins University. 2022, 10 de noviembre;3(1).

Frederick I. The crusade of Frederick Barbarossa: The history of the expedition of the Emperor Frederick and related texts. Ashgate Publishing, Ltd.; 2010.

Bryce, James, *The Holy Roman Empire,* MacMillan and Company, 1866. 232

Painter, Sidney, *A History of the Middle Ages 284-1500,* The MacMillan press LTD, 1973. 326

Holmes, George, *The Oxford History of Medieval Europe,* Oxford University press, 1988. 225

Wilson, Peter H. *Heart of Europe: A History of the Holy Roman Empire.* Harvard University Press, 2016, 557

Grand Larousse encyclopedia, Vuk Karadzic, 1971-1973. 372

Febvre, Lucien, *Martin Luther: A Destiny,* LDI, 1996. 77

Wilson PH. The Causes of the Thirty Years War 1618-48. The English Historical Review. 2008, 1 de junio; 123(502):554-86.

Mortimer G. The Origins of the Thirty Years War and the Revolt in Bohemia, 1618. Springer; 2015, 11 de agosto.

POLIŠENSKÝ, Josef V. The Thirty Years' War. Past & Present, 1954, 6: 31-43.

LOCKHART, Paul Douglas. Political Language and Wartime Propaganda in Denmark, 1625-1629. European History Quarterly, 2001, 31.1: 5-42.

Davis TM. The Swedish Intervention: How the Thirty Years War Became International. The Alexandrian. 2017;6(1).

Nicklisch N, Ramsthaler F, Meller H, Friederich S, Alt KW. The face of war: Trauma analysis of a mass grave from the Battle of Lützen (1632). PLoS One. 2017, 22 de mayo; 12(5):e0178252.

Rehman I. Raison d'Etat: Richelieu's Grand Strategy During the Thirty Years' War (mayo de 2019). Texas National Security Review. 2019.

GROSS, Leo. The peace of Westphalia, 1648-1948. *American Journal of International Law,* 1948, 42.1: 20-41.

EVANS, Robert; WILSON, Peter (ed.). The Holy Roman Empire, 1495-1806: A European Perspective. Brill, 2012.

Fuentes de imágenes

1 User:MapMaster, CC BY-SA 2.5 <https://creativecommons.org/licenses/by-sa/2.5>, vía Wikimedia Commons, https://commons.wikimedia.org/w/index.php?curid=1234669

2 Kairom13, CC BY-SA 4.0 <https://creativecommons.org/licenses/by-sa/4.0>, vía Wikimedia Commons, https://commons.wikimedia.org/w/index.php?curid=112316299

3 https://commons.wikimedia.org/w/index.php?curid=198993

4 https://commons.wikimedia.org/w/index.php?curid=2009655

5 https://commons.wikimedia.org/w/index.php?curid=7849382

6 https://commons.wikimedia.org/w/index.php?curid=1668262

7 https://commons.wikimedia.org/w/index.php?curid=54691316

8 https://commons.wikimedia.org/w/index.php?curid=80912

9 https://commons.wikimedia.org/w/index.php?curid=3108659

10 https://commons.wikimedia.org/w/index.php?curid=228070

11 Kandi, CC BY-SA 4.0 <https://creativecommons.org/licenses/by-sa/4.0>, vía Wikimedia Commons https://commons.wikimedia.org/w/index.php?curid=56789387

12 https://commons.wikimedia.org/w/index.php?curid=6433070

13 Por User:Ssolbergj, CC BY-SA 4.0 <https://creativecommons.org/licenses/by-sa/4.0>, vía Wikimedia Commons; https://commons.wikimedia.org/wiki/File:Or_three_leopards_sable.svg

14 Por Medhelan, CC BY-SA 4.0 <https://creativecommons.org/licenses/by-sa/4.0>, vía Wikimedia Commons, https://commons.wikimedia.org/wiki/File:Member_Cities_ of_the_Lombard_Leagues.png

15 https://commons.wikimedia.org/wiki/File:Balduineum_Wahl_Heinrich_VII.jpg

16 https://commons.wikimedia.org/wiki/File:Das_Interregnum_Drei_ M%C3%A4nner_am_Grab_eines_Kaisers.jpg

17 Este archivo está bajo licencia Creative Commons Reconocimiento-Compartir bajo la misma licencia 3.0 Unported. Este archivo está bajo la licencia Creative Commons Reconocimiento-Compartir bajo la misma licencia 2.0 Alemania. https://commons.wikimedia.org/wiki/File:Rudolf_Speyerer_Dom.JPG

18 Por User:Captain Blood, CC BY-SA 3.0 <http://creativecommons.org/licenses/by-sa/3.0/>, vía Wikimedia Commons, https://commons.wikimedia.org/wiki/File:HRR_14Jh.jpg

19 TribalDragon1, CC BY-SA 4.0 <https://creativecommons.org/licenses/by-sa/4.0>, vía Wikimedia Commons https://commons.wikimedia.org/wiki/File:Frederick_III_Coronation_Tapestry.jpg

20 https://commons.wikimedia.org/wiki/File:Maarten_van_Heemskerck_- _Santa_Maria_della_Febbre,_Vatican_Obelisk,_Saint_Peter%27s_Basilica_in_cons truction_(1532).jpg

21 https://commons.wikimedia.org/wiki/File:Schlosskirche_Wittenberg.jpg

22 https://commons.wikimedia.org/wiki/File:Deutschland_im_XVI._ Jahrhundert_(Putzger).jpg

23 https://commons.wikimedia.org/wiki/File:Peace-of-augsburg_1555.jpg

24 https://commons.wikimedia.org/w/index.php?curid=1431443

25 https://commons.wikimedia.org/w/index.php?curid=21330817

26 https://commons.wikimedia.org/w/index.php?curid=93172350

27 Astrokey44, CC BY-SA 3.0 <http://creativecommons.org/licenses/by-sa/3.0/>, vía Wikimedia Commons https://commons.wikimedia.org/w/index.php?curid=1612601

www.ingramcontent.com/pod-product-compliance
Lightning Source LLC
La Vergne TN
LVHW051744080426
835511LV00018B/3224